2040年 生き残る自治体！

小西砂千夫[著]

学陽書房

はじめに

市町村合併の手続きを定める合併特例法が、推進の内容に変わったのは、平成11年の地方分権一括法においてであった。原則10年の時限立法である合併特例法は、それ以前の平成7年の改正で、従来の自主的な合併を妨げないための障害除去の枠組みを堅持しながらも、住民発議制度を盛り込み、自主的な合併に弾みをつけるようにしていた。筆者は、それ以前から、地域おこしとしての市町村合併に関わる機会があった。所属する大学の研究所のプロジェクトで、淡路島の研究を進めることになったからである。当時、淡路島は人口が20万人、1市10町から構成されていた。淡路島というアイデンティティにふさわしい行政体制は、淡路島を1つの市にすることだというわけである。

平成11年に推進の色を強く出した合併特例法の改正では、その前段になる研究会に筆者は加えていただいた。そこでつくづく感じたことは、市町村合併は、財政問題ではなく、行政体制整備の課題であるということである。当時、政治的になぜ市町村合併を推進としたのか。そのことは、後になって、地方自治制度研究会編『地方分権20年のあゆみ』（ぎょうせい、2015年）に収録されている座談会で、全容を知ることになったが、当時も、政治的要請に基づくものであるということは伝わっていた。世間的には市町村合併は財政問題と捉えられており、学会ですらそうであったが、本来は、事務配分にふさわしい市町村の組織のあり方であった。

市町村合併は、当事者である市町村の議決に基づくという意味で、あくまで自主的合併である。どれほど推進の旗を政府が振ったとしても、合併しない小規模な市町村が残ることは必然である。事務配分に対する市町村の組織を整えるには、ポスト合併推進として、市町村間の水平連携か、都道府県による市町村への垂直補完かのいずれか、あるいはその両方という流れになる。これは論理必然というべきであ

る。しかし、そのことはなかなか伝わらないところがあった。第27次地方制度調査会における西尾私案（平成14年）は、いささか偽悪的なところはあったが、一種のアレルギーさえ引き起こし、日の目を見ることはなかった。市町村合併の推進は、平成22年の合併特例法の改正で終了した。市町村数は、3,200あまりから1,700あまりに減少した。世に言う『平成の合併』である。

　そうした一連の動きのなかで、筆者は、多くの市町村との関係を構築することができた。市町村行政の実態にふれ、市町村や県の職員との交流を重ねる機会が得られた。市町村合併は、財政を専門とする筆者にとって、中心的なテーマではないが、それでも市町村合併をきっかけにして、条件不利地域にある町村と都会の自治体の違いを肌で感じるなど、研究活動につながる多くのものを得た。自分史として、研究活動の転機となったという意味で、印象深い出来事であった。

　そうしたなかで、平成19年の統一地方選挙で、奈良県で荒井正吾知事が誕生し、荒井知事を通じて、奈良モデルのウオッチャーになることができた。筆者は、荒井県政1期目のときに、荒井知事に、ポスト平成の合併は、水平連携と垂直補完であると申し上げたが、それは進言というほどのことでもない。誰でもいえることだからである。奈良県が、県をあげて水平連携と垂直補完を進める「奈良モデル」を展開したことは、時宜に適ったことだと敬意を表している。奈良モデルの命名者は筆者だといってもらえるのだが、正直、その記憶はおぼろげで確かでもない。

　平成21年に民主党への政権交代があり、その後、自公政権への再交代が起きて、平成25年6月に第30次地方制度調査会による「大都市制度の改革及び基礎自治体の行政サービス提供体制に関する答申」が取りまとめられる。そこでは、大阪都構想を背景に政令市問題に注目が集まったが、自主的な合併・水平連携・垂直補完の3つをオルタナティブとして、市町村の行政体制を整備するという自然な流れに回帰

した印象がある。

　地方制度調査会は、地方自治法の改正を伴うような、地方自治制度のあり方を検討する場である。それに対して、奈良モデルは、基本的に運用の問題であって、地方自治法などの制度改正を必要とするものではない。それなりに注目を集めたが、地方制度調査会における議論としては、一つの有り様という位置づけで、それ以上のものではなかった。基礎自治体中心主義の原則に照らすと、県がやたらに出張ってくる奈良モデルは、やはり王道ではない。平成28年3月の第31次地方制度調査会による「人口減少社会に的確に対応する地方行政体制及びガバナンスのあり方に関する答申」でも、平成26年の改正地方自治法により新たに設けられた連携協約等に基づく広域連携に主眼があり、奈良モデルのような不定形の連携への注目度はそれほど高くない。しかし、第32次地方制度調査会の審議になると、「2040年頃から逆算し顕在化する諸課題に対応する」とし、「公・共・私のベストミックス」を図るとしたことで、不定形の連携である奈良モデルへの評価は格段に高まってきた印象がある。

　高齢化が進み、人口減少が進んだ2040年の状態を思い浮かべると、中山間地域の市町村は、基礎自治体としての役割を果たすことが相当困難になる。そこでは、好むと好まざるとにかかわらず、広域連携が不可避となる。市町村合併は、少なくとも政府が推進するという意味では平成の合併で一段落した。できる合併は、そこで基本的にしたはずである。今後も自主的合併の手段を確保することだけは必要である。大都市圏で、核となる都市が多く存在する地域では、広域連携は、市町村間の水平連携を主たる手段とすべきである。一方で、核となる都市がない地域、あるいはそのような地域を多く抱える県における広域連携では、市町村が頼るべきは都道府県にならざるを得ない。令和2年6月の第32次地方制度調査会答申では、それ以前に比べて、大都市圏とそうでない地域で、広域連携のあり方は変わらざるを得な

いという割り切りが、より鮮明になっている印象がある。その結果、先進事例としての奈良モデルは、これまで以上に陽が当たると考えられる。

　本書は、市町村合併と奈良モデルとの関わりについての、筆者にとっての決算報告でもある。奈良モデルで実現した連携の成果もさることながら、それをどのようにして進めてきたのか、その経緯をできるだけ詳細に記している。参照すべきモデルだが、簡単に真似できないものである。安直に真似をすると、県が身勝手に市町村行政を荒らすと批判されるのがオチである。奈良モデルは、奈良県という土地で育ったものである。土壌が違えば、適した生態系も変わる。本書を通じて、奈良モデルに込められた関係者の努力の軌跡をたどり、それをそれぞれに地域に置き換える作業をしていただきたい。

　本書は、『住民行政の窓』（日本加除出版）の連載「奈良モデルは提案する―県と市町村のいまどきの関係」（令和２年３月～３年４月）をもとにしている。連載の機会をいただいた日本加除出版に感謝したい。また、連載の執筆では、奈良県市町村振興課にはひとかたならない御世話になった。

　出版にあたって、奈良モデルを、近年における自治体の広域連携の広がりの文脈のなかで位置づけるために、書き下ろしの第１部を加えることとした。そのことで、奈良モデルの意義が一層明確になったところがある。このようなテーマについて、出版の機会を提供いただいた、株式会社学陽書房と、編集者である川原正信氏には、深甚なる感謝を申し上げたい。本書を通じて、奈良モデルの良さが少しでも広く浸透することを願っている。

　令和３年、穏やかな日に

小西　砂千夫

目　　次

はじめに

第1部　人口減少時代の広域連携の選択肢

第2部 2040年を先取りする奈良モデルの展開

第4章 奈良モデルはどのような経緯で形成されてきたか

第5章 道州制と関西広域連合への異論

第6章 原点としての道路インフラの長寿命化と市町村税の税収強化

第1部

人口減少時代の広域連携の選択肢

第1章

人口減少が進んだ2040年の姿が投げかける自治体の覚悟

自治体へ対応を迫る 第32次地方制度調査会答申

　内国統治にかかる根幹的な制度である地方自治のあり方について、全般的に検討を加えるために設けられているのが地方制度調査会である。第32次地方制度調査会は、第1回総会を平成30年7月5日に開催し、ほぼ1年後の令和元年7月31日に中間報告（以下第1章において「中間報告」）を行った。ついで、合併特例法の期限切れと新法への切り替えに対応するものとして、令和元年10月30日に「市町村合併についての今後の対応方策に関する答申」（以下「市町村合併に関する答申」）を行い、審議開始からおよそ2年後に当たる令和2年6月26日に「2040年頃から逆算し顕在化する諸課題に対応するために必要な地方行政体制のあり方等に関する答申」（以下第1章において「答申」）を取りまとめ、諮問に答えている。

　地方制度調査会の諮問内容は、「人口減少が深刻化し高齢者人口がピークを迎える2040年頃から逆算し顕在化する諸課題に対応する観点から、圏域における地方公共団体の協力関係、公・共・私のベストミックスその他の必要な地方行政体制のあり方について、調査審議を求める」というものであった。すなわち、人口がますます減って、高齢者人口が過去最大になる2040年代に向けて、それまでにこの国の統治機構をどのように整えていくかを、今後起きる問題をどのように予想したうえで取りまとめよ、ということである。

　「えっ、じゃあ、また市町村合併とか、県の合併とかをしろって話なの？」と早合点する人もいるかもしれない。もちろんそれは早計である。平成11年の旧合併特例法の改正によって始まる平成の合併によって、市町村数は3,200あまりから1,700あまり（令和2年末現在で、北方領土6村を除き1,718市町村）に減少したが、平成22年の新

合併特例法の改正時に、それまでの合併推進から、自主的合併への障害除去に内容を改めていた。先述の市町村合併についての答申でも、従来の障害除去の趣旨を継続すべきだとしており、それに沿って、合併特例法が延長された（合併特例法は原則10年間の時限立法）。

　この答申には、次のように書かれている。

「**各市町村において、基礎自治体として担うべき役割を踏まえ、自主的な市町村合併、市町村間の広域連携、都道府県による補完などの多様な手法の中から最も適したものを自ら選択できるようにすることが適当である。**」

　2040年になると、いうまでもなく、日本の人口は大きく減少する。少子化対策を進めてそれが功を奏したとしても、人口がすぐに増えることはないし、高齢者数がその時期に最大化することにも変わりはない。地方制度調査会で示された人口動向に関する資料（国立社会保障・人口問題研究所『日本の地域別将来推計人口』平成30年3月に基づき作成）に拠れば、2015年から2040年までの間で、人口100万人以上の大都市で、11市のなかで増加が3あって、最頻度は0〜10％減の6であるのに対して、10〜20万人の市では最頻度は10〜20％減、3〜10万人では最頻度は20〜30％減、1万人未満では最頻度が40〜50％減となっている。全体（福島県内市町村を推計では除いている）でみると、60％以上の減は23市町村ある。そのうち、北海道は夕張市や歌志内市を含む7市町、奈良県は8町村が該当する。

　このように、人口減少は、日本全体で一律に進むわけではない。小規模な市町村が連なる中山間地域ほど、大きく人口減少が進む傾向がある（一方、高齢者数は、そうした自治体ではすでに減少を始めているところが多い）。そうした市町村の存在を念頭に置いたうえで、市町村合併については、あくまで自主的な合併を選択肢として確保することを基本としている。自主的な合併の障害にならないように法整備を行うものの、それを政府として推進することはない。人口減少率の

大きな市町村は、基本的に平成の合併で合併を選択しなかったのだから、合併ありきではなく、市町村間の広域連携か都道府県による補完か、もっとも適していると思う手段を選ぶことが望ましいというわけである。また、第32次地方制度調査会は、都道府県合併ないしは道州制は、そもそも検討事項に含めていない。

　このように、第32次地方制度調査会は、とりわけ人口減少が一層進むと考えられる市町村にあっては、2040年に生じていることを念頭に、どのように対応すべきかの判断を促している。平成の合併では、合併をするかしないかの判断であったが、水平連携や垂直補完となると、その範囲、手段、取り組みの深さなど、選択肢が多様である。それだけに容易な決断ではない。第32次地方制度調査会の審議のなかで取り上げられた2040年の姿は、人口減少の厳しい現実を突きつけている。市町村行政への課題は重くなる反面で、それを担う人材は今以上に限られてくる。現状のままで対応可能とはなかなかいいがたい。それではどのように乗り切るのか。多くの市町村は、そうした不都合な事実に対して、対応策について旗幟鮮明にできずにいるのが現状である。

2　2040年代において求められる広域連携

　2040年頃に顕在化する変化や課題については、中間報告に詳述されている。詳細はそちらを参照願うとして、重要なところでは、まず人口が減少すること自体が、学校などの教育環境の悪化を招いたり、労働力不足・人材不足を招いたりするほか、インフラの老朽化や更新の必要性の増大などの多様な問題を引き起こす。それらに対して、さまざまな対応が必要となる。

それらを踏まえて、答申では、具体的な取り組みの柱として、「地方行政のデジタル化」「公共私の連携」「地方公共団体の広域連携」「地方議会」の４つをあげて、そのあり方について記述されている。本章では、そのうち、「地方公共団体の広域連携」について、以下で紹介する。

　まず、基本的な考え方としては、次の引用箇所にあるように、多様な課題に対応するために、自治体が相互に連携する必要性が強調されている。

「2040年頃にかけて生じる変化・課題、そして大規模な自然災害や感染症等のリスクにも的確に対応し、持続可能な形で地域において住民が快適で安心な暮らしを営んでいくことができるようにするためには、地方公共団体がそれぞれの有する強みを活かし、それぞれの持つ情報を共有し、資源を融通し合うなど、地域の枠を越えて連携し、役割分担を柔軟に見直す視点が重要となる。市町村においては、他の地方公共団体と連携し、住民の生活機能の確保、地域の活性化・経済成長、災害への対応、地域社会を支える次世代の人材の育成、さらには、森林や農地の保全、持続可能な都市構造への転換、技術やデータを活用した都市・地域のスマート化の実現などのまちづくり等に広域的に取り組んでいくことが必要である。この際にも、公共私の連携により、地域を支える多様な主体の参画を得ることが重要である。また、インフラの老朽化、利用者の減少に伴う維持管理コストの増大や、技術職員、ＩＣＴ人材等の専門人材の不足の深刻化に対応し、他の地方公共団体と連携し、施設・インフラ等の資源や専門人材の共同活用に取り組むことが効果的である。」

　自治体に課された課題は、従来から重いものであったが、それがますます重くなっていくことは不可避である。その際、他の自治体との連携が必要になることは一般論としてどの自治体にもいえることだが、人口減少に伴って職員数の段階的な削減が必要となる市町村にお

いては、とりわけその必要性が高まる。答申では、とりわけ、技術職員やＩＣＴ等の専門人材において顕著となると指摘されている。

広域連携の手法としては、市町村合併に関する答申でも述べられていたように、自主的な合併だけでなく、市町村間の広域連携、都道府県による補完・支援などのなかから、最も適したものを市町村が自ら選択すべきであるとみなされている。

ついで、広域連携をすすめるにあたって、事務処理の執行段階における広域連携の手法については、「例えば」として、次のように記述されている。

「資源や専門人材の共同活用については、地方自治法の事務の共同処理の仕組みや、民法上の契約等の更なる活用が期待される。専門人材の共同活用に際しては、併せて、具体的な職務内容を明確化していくこと、ＩＣＴの活用により環境を整備すること、事務内容に十分留意しつつ、外部人材を共同活用することなどが有用である。事務量が少ない場合、パートタイムでの職員の派遣や、一連の事務処理過程のうち専門人材によることが必要な部分に係る事務の代替執行、専門人材を配置した内部組織の共同設置等の取組も行われている。また、事務やサービスによっては、地方独立行政法人を共同で設立することや、審査、交付決定等を含む一連の窓口関連業務については他の市町村が設立した地方独立行政法人を活用することも考えられる。」

ここで注意すべきことは、例示されているような連携は、地方自治法等の法律や各種の制度の改正をせずとも、知恵と工夫をすれば、いつでもできることである。すなわち、答申は、事務処理の広域連携については、現状でも制度的な制約がないにもかかわらず、その取り組みが十分でないことについて、自覚を強く促している印象である。裏を返せば、連携を進めることで事務処理の高度化を図っていくべき市町村は多いにもかかわらず、現状の事務処理の水準が十分でないとい

う自覚を欠いている、あるいは危機意識が低いためか、それを克服しようとする問題意識が薄いということになる。「現状で特に問題を感じていないのに、連携といわれても、現実には難しいことが多いのでできない」という市町村の声が聞こえてきそうであるが、それに対して、答申は、2040年の姿を想起すると、そのような意識でよいはずはないと迫っている。

3　定住自立圏・連携中枢都市圏における広域連携

　答申の特徴は、広域連携の形態を、人口増加ないしは人口減少の度合いが少ない都市部と、人口減少が加速化する中山間地域で、求められる対応策は異なると割り切っていることである。この考え方は、平成の合併が終わった頃から、次第に明らかになってきたところがある。

　答申では、まず、定住自立圏・連携中枢都市圏について記述している。定住自立圏・連携中枢都市圏は、核となる都市と近隣市町村の間で、個々に連携協約等を締結することによって自主的に形成されるものである。定住自立圏共生ビジョン・連携中枢都市圏ビジョンを作成し、それに基づいて双方が役割を分担して施策を実施することが、基本的な進め方であるとされている。現状では、そのような「プラットフォーム」があるものの、それが十分に利用され、展開されているとはいいがたいが、人口減少が進んでいくなかで、それを利用した連携の仕組みが深化していくことが期待されている。答申では、「広域的な産業政策、観光振興、災害対策など、比較的連携しやすい取組から実績が積み上げられているが、今後は、施設・インフラ等の資源や専門人材の共同活用による住民の生活機能の確保、広域的なまちづくりなど、合意形成が容易ではない課題にも積極的に対応し、取組の内容

を深化させていくことが必要である」と述べられている。

　現状では、広域連携ができる仕組みは十分整備されている。しかし、本来、必要と思われる水準に広域連携の実績は至っていない。答申はそのような見方であり、筆者の見方も同じであるが、多くの市町村はそのような認識ではないと思われる。

　それに対して、連携の仕組みが実質的に進展するように、法制度等を整備することによって、それを促すようにすべきだという意見もある。しかし、現状では、それに対する市町村の抵抗感は相当強い。その点について、答申は、「（広域連携の取り組みを進展させる）仕組みを法制度として設けることについては、このような仕組みにより特定の広域連携の枠組みへ誘導され、市町村の自主性を損なうことなどの懸念があるのではないか、法制度化以外にも対応方策が考えられるのではないかなどの意見があり、他方、連携計画作成市町村以外の市町村の参画を担保する確実な方策は法制度化であり、関係市町村が自ら選択する仕組みであれば誘導の懸念は当たらないのではないかなどの意見もあること、また、地域の実情も多様であること等から、その是非を含めて、関係者と十分な意見調整を図りつつ検討がなされる必要がある」と述べられている。その書きぶりから、第32次地方制度調査会としてはここまでの検討であるが、今後の広域連携の進捗を見ながら、その必要があれば、今後検討することになるといったニュアンスが読み取られる。

　この答申は、2040年に起きることをいまからイメージして、それに向けて取り組みを進めていくという発想を採っている。現状では行政課題への対応はできていると思っていても、2040年に人口減少がさらに進み、高齢者の数が最大になった状況を思い浮かべて、それへの対応という課題に向き合えば、取り組むべき広域連携、今すぐにでもできる広域連携はたくさんあるはずだという見方が、答申には見え隠れしている。

核となる都市がない中山間地域における連携

　一方、核となる都市がなく、規模・能力が同程度の市町村が複数存在するような地域においては、広域連携の必要性は、定住自立圏・連携中枢都市圏に属する地域以上に必要性が高い。そこでは、何らかの意味で、都道府県の役割が重要であるとされている。また、答申では、「規模・能力に応じて」という表現がところどころで出てくるように、自治体の規模が職員体制を決めており、それが事務処理能力につながるとの見方がされていることに注意が必要である。

　核となる都市がない中山間地域での連携を進める際、都道府県の役割については、次のように答申に記述されている。

> 「市町村による行政サービス提供体制の確保に際しての都道府県と市町村の関係は、市町村が自ら行財政能力を充実強化し、あるいは市町村間の広域連携等により行政サービス提供体制を確保し、都道府県は、市町村の自主性・自立性を尊重することが基本である。都道府県は、特に地方圏において、広域の地方公共団体として、市町村間の広域連携が円滑に進められるよう、市町村の求めに応じ、連携の相手方、方法等の助言や、調整、支援の役割を果たすことが求められているが、市町村間の広域連携が困難な場合には、自ら補完・支援の役割を果たしていくことも必要である。」

　都道府県は、市町村の自主性・自立性を尊重することが基本であって、市町村の求めに応じて市町村間の水平連携が円滑に進むように「助言、調整、支援の役割」を果たすと同時に、ときに必要に応じて、垂直補完として、都道府県自らが市町村への補完・支援を行うとされている。この点はまさしくその通りであるが、実際に、都道府県と市町村の関係を考えると、それが円滑に進められるには、双方がこ

れまでの意識を変える必要があることから、相当難しいところがある。

　県と市町村の関係は、所変われば品変わり、県によって実に多様である。地方自治における一種の組織風土ともいうべきものが、県ごとに形成されている。筆者の経験では、市町村が、県庁に対して根深い不信感を持っているところがある。「県は、格好だけつけるが、市町村の落ち度には容赦ない。その反面で、市町村に支援が必要なときには何もしてくれない」というわけである。その一方で、市町村が身勝手であると嘆く県も少なくない。「事務処理能力が不十分で、法令に則った事務処理が十分にできず、コンプライアンス意識が低いことを棚に上げ、困ったときだけ県庁に泣きつき、その一方で、利害には敏感で、政治力を働かせて円滑な調整を乱してくる」というわけである。一方、親分肌の県に対して、市町村は基本的に信頼を持っていて、県がいうことは基本的に尊重するという関係のところもある。驚くほど上下意識がある場合もあれば、あまりの不信感の強さに驚かされる場合もある。そうした状況で、答申が描くように、市町村の求めに応じて、県が市町村間の水平連携の円滑な推進に汗をかき、必要に応じて、県がプレーヤーとして直接執行する姿を期待するというのは、相当難しい要求であると感じられる。

　とはいえ、答申が示すように、2040年にどのようなことが起きているのかを想像すれば、何もしなくてよいとはならない。都道府県と市町村の連携が難しい現状があるとしても、それを打開する必要がある。

　都道府県による補完・支援の手法については、答申は次のように述べている。ここでも、法令による位置づけを改正することなく、現状でもできることは多いという見方は共通している。連携が円滑に進むためには、連携協約に基づく役割分担の明確化が重要とされている。また、連携協約に基づく役割分担の協議を、市町村から都道府県に対して要請できる法制度を、今後整える必要性についても言及されている。

「事務の委託、事務の代替執行、過疎地域における道路の代行整備等、市町村に代わって事務を行う手法に加え、小規模市町村が多い一部の県で積極的な取組が見られるように、法令上の役割分担は変更せず、都道府県と市町村が一体となって行政サービスを提供する、協働的な手法が考えられる。他方、この場合、市町村の権限と責任が不明確になり、自主性・自立性を損ねることのないよう、都道府県と市町村の間の役割分担の合意を明確化しておくことが重要であり、連携協約の適切な活用も考えられる。さらに、市町村間の広域連携によっては行政サービスの提供体制の確保が困難である場合に、市町村から都道府県に対して、連携協約に基づく役割分担の協議を要請できるようにする仕組みを法制度として設けることも考えられる。」

2040年を想定して、自治体に求められている覚悟

市町村合併は財政問題として理解されてきたところがある。なぜ、合併をしなければならないのか。それは合併しないと財源が不足するからだ、というわけである。いま、地方銀行の統合が進んでいるが、経営効率を追求することが目的とされており、市町村合併も、基本的に、同じ論理で受け止められてきた傾向がある。

ところが、本当は、市町村合併は事務配分にふさわしい行政体制整備の課題である。すなわち、法令に基づき任されている事務を執行するうえで、ふさわしいだけの市町村の役所としての陣営を整えることができるかということである。第32次地方制度調査会では、市町村合併と、市町村間での水平連携、県による市町村補完の3つが、それぞれ地域の実情に応じて選ぶべき選択肢とされている。そうされていることが何よりも、市町村合併の目的が、事務配分にふさわしい規模と

能力の確保の課題であることを物語っている。

　現実には、小規模な市町村であっても、特段に困っているという実感はないことも多い。規模と能力が伴っていないという感覚はそれほどない。その一方で、第32次地方制度調査会で検討されたように、2040年を想定してみると、対応が困難になる行政課題は実に多くある。現状の行政運営では、できることをできるように行っているのが実情であって、あるべき水準は何かを追求することで、現状で何が不足しているかが十分自覚できていない可能性がある。答申は、そこが問題だと問いかけている。

　答申は、都市圏とそうでない中山間地域では、地方自治の姿は異なることを鮮明に打ち出した。規模や条件にかかわらず、一律であることが原則という発想にとらわれていると、その真意が理解できない。人口減少がさらに激しくなっていく状況のなかで、どのようなに行政体制を整備するのか、都市圏と中山間地域は、それぞれ異なる方向で、難しい課題と取り組まなければならない。大半の自治体にはその覚悟はまだない、と筆者には映る。

　本書では、中山間地域において、ポスト市町村合併である水平連携と、県による市町村補完のそれぞれがどのように取り組まれているのかの実例を明らかにするために、第２部において、奈良県における取り組みを紹介する。そこでは、取り組みの内容もさることながら、県と市町村がどのような経緯を経ながら連携の取り組みを積み重ねてきたのか、どのような覚悟を示してきたのかについて、くみ取っていただきたい。広域連携は容易なことではない。しかし、広域連携でなければ得られないものは数多くあり、2040年を想定すると、それを本気で実現しないではすまされない。奈良県の取り組みに刺激されて、同様の取り組みが、それぞれに地域の実情に応じてカスタマイズされて広がっていくこと祈念してやまない。

第2章

人口減少と向き合う
先進的取り組み

1 第30次地方制度調査会の答申

　第1章では、第32次地方制度調査会答申を中心に広域連携に対する現状認識を取り上げてきたが、平成25年6月の第30次地方制度調査会による「大都市制度の改革及び基礎自治体の行政サービス提供体制に関する答申」おいても、そのことはすでに取り上げられている。そこでは、地方中枢拠点都市を核とする圏域では、それを中心とする広域連携を進めるとする一方、それ以外の地域については、

「人口減少・少子高齢社会における今後の基礎自治体の行政サービス提供体制については、基礎自治体の担うべき役割を踏まえ、自主的な市町村合併や共同処理方式による市町村間の広域連携、都道府県による補完などの多様な手法の中で、それぞれの市町村がこれらの中から最も適したものを自ら選択できるようにしていくことが必要」

「市町村が基礎自治体としての役割を果たしていく上で、市町村間の広域連携は有効な選択肢であり、その積極的な活用を促すための方策を講じるべき」

「市町村間の広域連携によることが困難な場合には、都道府県による補完も重要な選択肢であり、これに資する方策を講じるべき」

と述べられている。このような考え方は、第31次地方制度調査会においても継承されている。第32次地方制度調査会答申は、そうした考え方を、2040年の姿を先取りすることで一層鮮明に打ち出したものといえる。

2 市町村合併の効果

　第32次地方制度調査会は、平成の合併による効果・課題について、現地調査やヒアリングなどをもとに取りまとめている。そのうち、「組織・機構の充実」に関する効果についての概略は次の通りである。

専門職員の配置・充実、専門部署の新設などの組織・機構の充実

○合併市町村では、保健福祉分野・土木建築分野等の専門職員が配置されている市町村の割合が上昇し、専門職員の平均配置人数も増加している。また、組織の専門化なども行われている。

○各施策分野に共通して、小規模市町村においては、専門職員が配置されない又は仮に配置されたとしても少人数の専門職員しか配置されていない状況が伺える。

→行財政の効率化、広域的なまちづくりの推進、地域活性化、組織・機構の充実、住民サービスの充実、住民の行政に対する意識の向上など、合併により一定の効果があった。

住民サービスの充実

○合併市町村では、高齢者・障害者等の福祉分野をはじめとした住民サービスの充実が図られている。また、行政区域の拡大により、利用できる公共施設等の拡大が図られている。

→行財政の効率化、広域的なまちづくりの推進、地域活性化、組織・機構の充実、住民サービスの充実、住民の行政に対する意識の向上など、合併により一定の効果があった。行政サービスを統一し旧町村独自の制度が廃止されたため、一部住民負担が増加し、融通が利かなくなったとの声も。他方、長野市が実施するバス利用補助が活用できるようになり、肯定的な意見もある。合併時に廃止した事業を長野市として復活したケースもある。

広域的なまちづくりの推進、地域資源を活かした広域的な地域活性化

○行政区域の拡大に応じたまちづくりや住民サービスの提供、旧市町

村の多様な地域資源を活かした地域活性化の取組が行われている。
→行財政の効率化、広域的なまちづくりの推進、地域活性化、組織・機構の充実、住民サービスの充実、住民の行政に対する意識の向上など、合併により一定の効果があった。行政区域が大きく広がったことにより、合併前の市町村では対応が困難であった課題に対して、より広域的な観点でのまちづくりが可能になった。合併特例債が合併の後押しとなって、合併前にはなかなか整備できなかった施設（ハード）を次々に整備した10年間だった。

職員の配置の適正化や公共施設の統廃合など行財政の効率化

○職員配置の工夫により住民サービスの水準の確保を図りつつ職員総数を削減するなど、効率的な行政運営の取組が行われている。また、財政力の弱い市町村の割合は減少し、財政基盤の強化が図られている。さらに、行政圏域の拡大に応じた公共施設の効率的な配置の取組も行われている。

→行財政の効率化、広域的なまちづくりの推進、地域活性化、組織・機構の充実、住民サービスの充実、住民の行政に対する意識の向上など、合併により一定の効果があった。合併により管理部門の一元化や人員の適正配置による財政基盤の強化及び、公共施設の適正化等による行政の効率化により、将来に向けて新たな行政ニーズに対応できる体制となった。行政としては効率化が図られて、財源がまちづくりに活かせるようになった。年間5億円の特別職の人件費が削減されるなどの効果があり、合併地域においても、将来にわたって安心して暮らしが営めるよう行財政基盤強化を図ることができました。合併後の状況として、財政再建についてはうまくいったと考えている。財政的には合併して良かった。合併特例債・合併算定替の効果は大きかったが、職員数を合併時の357人から259人まで削減したことによる人件費の削減が大きかった。合併により、職員数が1,300人から1,000人まで減り、行政コストは明らかに減った。

　平成の合併の効果についての厳しい意見は少なくない。その一方で、行政体制整備としての市町村合併では、少なくとも第32次地方制

度調査会による分析結果をみれば、一定の効果があったと認められている。

　それらを踏まえて、今後検討すべき広域連携の課題とは、市町村合併に代わる広域連携によって、市町村合併による組織・機構の充実に伴うものと同等の効果を、いかにして生み出すかということとなる。

３ 事務の共同処理を可能にする制度の整備

　第32次地方制度調査会において提出された資料に拠れば、事務の共同処理の仕組みが円滑に進むための制度改正は、第30次地方制度調査会答申を受けた、平成26年の地方自治法の改正によって、
①地方公共団体間の「柔軟な連携」を可能とする仕組みを制度化
②地方公共団体間の「事務の代替執行」を可能とする仕組みを制度化
の２つが実現している。

　前者は、「地方公共団体間で『連携協約』を締結できる新たな仕組みの導入」であって、
＊地域の実情に応じて地方公共団体間で締結、紛争解決の手続もビルトイン
＊事務分担だけでなく、政策面での役割分担等についても、自由に盛り込むことが可能（例：圏域全体を見据えたまちづくりの方向性）
＊別組織（組合や協議会）を作らない、より簡素で効率的な相互協力の仕組み
などのことが可能となる。

　後者は「地方公共団体が、その事務の一部を、自らの名において、他の地方公共団体の長等に管理・執行させることができる新たな仕組みの導入」であって、

＊事務を任せる側の意向を反映させることが可能

といったものである。それに伴って、従来から地方自治法で認められている共同処理の仕組みである一部事務組合、広域連合のほか、協議会（管理執行）、機関等の共同設置、事務の委託を併せて、さまざまな手法を通じて広域連携を実現することが可能となった。このようにして、整えられた制度をいかに活用するかの段階に入っている。

4 核となる都市がある地域における市町村間連携の例

　以下、第32次地方制度調査会に総務省が提出した資料を基に、核となる都市がある地域とない地域における市町村間連携の例を紹介する。まずは、図表2－1の八戸圏域連携中枢都市圏の例である。八戸市を中核都市とする連携中枢都市圏は、全国のなかでも連携の優等生として、常に優れた取り組みを積み重ねてきている。図表2－1では、その取り組みを次のように紹介している。

＊地方圏の核となる都市と近隣町村との間では、定住自立圏・連携中枢都市圏の取組が行われており、必要な都市機能・生活機能の確保について中心的な役割を担う中心市が、連携中枢都市圏の形成、ビジョンの作成等の合意形成・利害調整について役割を果たしている。

＊八戸圏域連携中枢都市圏においては、新規創業促進、地域公共交通の確保、救急医療体制の充実、安全・安心なまちづくりなどの連携事業を実施。

＊八戸圏域公共交通計画の共同作成においては、料金設定や財政負担の面で、八戸市が近隣町村や民間事業者と個別に調整するなど、合意形成・利害調整に中心的な役割を果たしている。

図表2－1　核となる都市がある地域における市町村間連携（八戸圏域連携中枢都市圏）

○ 地方圏の核となる都市と近隣町村との間では、定住自立圏・連携中枢都市圏の取組が行われており、必要な都市機能・生活機能の確保について中心的な役割を担う中心市が、連携中枢都市圏の形成、ビジョンの作成等の合意形成・利害調整について役割を果たしている。

○ 八戸圏域連携中枢都市圏においては、新規創業促進、地域公共交通の確保、救急医療体制の充実、安全・安心なまちづくりなどの連携事業を実施。

○ 八戸圏域公共交通計画の共同作成においては、料金設定や財政負担の面で、八戸市が近隣町村や民間事業者と個別に調整するなど、意見形成・利害調整で中心的な役割を果たしている。

連携中枢都市圏形成に至った経緯

・ 青森県の南東部に位置する八戸圏域は、八戸市と八戸圏域広域市町村圏事務組合を設立する等、長年にわたり圏域が一体となり、広域的な行政課題に取り組んできた。
・ 平成21年9月には、八戸圏域定住自立圏を形成し、生活機能の強化に係る連携を推進。
・ 八戸市が平成29年1月に特例市から中核市に移行するとともに、同年3月に定住自立圏同盟を連携中枢都市圏を形成。

八戸都市圏スクラム8

主な取組

圏域全体の経済成長のけん引

はちのへ創業・事業承継サポートセンター事業

創業支援拠点である「はちのへ創業・事業承継サポートセンター」において、圏域の各商工会と連携した相談対応やセミナー開催などによる支援を実施。創業者の増加や円滑な事業承継により、雇用の場を維持・創出。
（創業件数36件うち圏域町村3件、（H30.4～H31.3末））

高次の都市機能の集積・強化

八戸圏域公共交通計画推進事業

八戸圏域公共交通計画に基づき、広域路線バスの上限運賃政策等を実施。
※ 計画については、八戸圏域定住自立圏においてもビジョンに基づき共同策定。

圏域全体の生活関連機能サービスの向上

ドクターカー運行事業

救急医療体制の一層の充実を図るため、圏域の中核病院である八戸市立市民病院にドクターカーを配備・運行。
（H22.3以降、出動件数1万1千件以上。）

ビジョン作成に係る協議の枠組み

関係市町村長会議（年2回程度）
関係市町村担当部長会議（年4回程度）
分野別WG会議

ビジョン懇談会（年2回程度）
全20名
・産業　　　　　　3名
・大学・研究機関　3名
・金融機関　　　　1名
・医療　　　　　　1名
・福祉　　　　　　1名
・教育　　　　　　1名
・地域公共交通　　1名
・雇用　　　　　　1名
・男女共同参画　　1名
・構成町村　　　　7名

（出所）総務省資料

八戸市を中心とする地域では古くから市町村間で連携を進めてきた経緯があり、市町村合併こそ大きく進んだわけではなかったが、定住自立圏の枠組みにうまく乗って、連携の仕組みを働かせてきている。同じような取り組みとしては、長野県の飯田市を中核都市とする南信州定住自立圏があり、ここも古くからの結びつきを活かして、各種の取組みが進められている。また、先述の総務省資料では、那須塩原市を中核都市とする那須地域定住自立圏による、公共交通ネットワークの構築や、オープンデータの推進などの連携事業を実施している例が紹介されている。

　連携中枢都市圏や定住自立圏では、連携のためのビジョンを作成して、中核都市と周辺市町村が一対一の連携契約を結ぶかたちであるが、三大都市圏で、それ以外の形態での連携の取り組みとしてあげられているのが図表２−２の神奈川県の藤沢市、茅ヶ崎市、寒川町による連携の取り組みである。

　図表２−２にあるように、地方自治法に基づかない任意の協議会である湘南広域都市行政協議会を昭和37年に設立したとあるので、必要に応じて、いわば自然発生的に始まった連携の取り組みといえそうである。また、運営基盤の協議のために、平成22年に、地方自治法に基づく法定協議会に改組されている。「７つの専門部会において、特定の課題解決に向けた取組や調査研究を実施。必要に応じて、交通事業者等の民間事業者との協議、地域の経済団体や大学と連携した取組を実施するなど、行政以外の主体が協力」とあるように、名ばかりではなく実質的な施策を行っている。協議会の活動として、図書館の広域利用、広域文化活動等などの任意事業を行うほか、法令に基づく事務として、構成３市町で「湘南パスポートセンター」を開設し、神奈川県から権限移譲を受けたパスポート発給事務を共同処理しているところも特徴的である。

図表2-2 三大都市圏における市町村間連携

○ 三大都市圏における市町村間の広域連携でも、市町村相互間の協議によって合意形成・利害調整が行われ、必要に応じて、関係市町村が参加する協議組織が設けられている。広域連携の枠組みはテーマごとに複数存在することもある。

○ 神奈川県の藤沢市、茅ヶ崎市、寒川町は、地方自治法に基づかない任意の協議会として、「湘南広域都市行政協議会」を設立(昭和37年)。協議会の運営基盤の強化を図るため、地方自治法に基づく法定協議会(平成22年)に改組。

○ 7つの専門部会において、特定の課題解決に向けた取組や調査研究を実施。必要に応じて、交通事業者等の民間事業者等との協議、地域の経済団体や大学と連携を実施するなど、行政以外の主体が協力。

○ 協議会の活動として、これまで、図書館等の広域利用、広域文化活動等をしているほか、協議会を経て、3市町で「湘南パスポートセンター」を開設し、神奈川県からパスポート発給権限を受けたパスポート発給事務を共同処理。

★ パスポート発給事務の共同処理
➤ 神奈川県から3市町に対し、パスポート発給事務を権限移譲(H24.7)。
➤ 茅ヶ崎市及び寒川町は、県から移譲されたパスポート発給事務及びパスポート申請(に伴う戸籍法に係る事務(全部事項証明書等個人事項証明書の交付等)について、藤沢市に委託(H24.7開始)。

湘南広域都市行政協議会

| 事務研究部会 | 都市農業部会 | 広域ごみ処理部会 | 広域環境部会 | 産業振興部会 | 広域文化活動部会 | 広域情報部会 |

事務研究部会
○パスポート発給事務の共同処理
○人権・男女共同参画に向けた取組
○新たな広域連携施策の調査研究

都市農業部会
○2市1町の農畜産物の魅力の発信
○新規就農者の受入促進による担い手育成及び発生防止及び解消

広域ごみ処理部会
○湘南東ブロックごみ処理広域化実施計画の推進及び進行管理
○し尿処理施設の広域化の検討

広域環境部会
○2市1町が連携した地球温暖化防止策の推進
○新たなエネルギーとして期待される水素についての先進事例研究視察等

産業振興部会
○工業系・工業用テクノへの共同出展

広域文化活動部会
○湘南の魅力発見プロジェクトの実施
○湘南が直面する経営者等の課題解決に向け湘南ものづくりワークションプの開催

広域情報部会
○社会保障・税番号制度、「オープンデータ」及びICT・BCP等に係る調査研究及び情報共有

必要に応じて協力

| 民間事業者 |
| 経済団体 |
| 大学 |
| NPO |

神奈川県 →権限移譲→ 茅ヶ崎市・藤沢市・寒川町
○社会保障・税番号...
委託 / 委託
2市1町住民のパスポート発給

(出典)湘南広域都市行政協議会資料をもとに事務局作成

(出所)総務省資料

5 核となる都市がない地域における市町村間連携の例

　一方で、核となる都市がない地域においても、市町村間での連携の取り組みがされている。図表2－3は、下田市と周辺5町で構成される伊豆半島南部賀茂地域（総人口が約6万1千人）の例である。賀茂地域広域連携会議は、1市5町の首長と管内選出県議会議員および議長を務める県特別補佐官をメンバーとして開催され、1市5町における行政運営面での連携などについて、県も参画のうえ協議を行うとされている。

　具体的な取り組みとしては、指導主事の派遣・共同設置、消費生活センターの共同設置、障害者計画等の共同策定、税の徴収事務の共同処理、地籍調査の共同実施があげられている。いずれも取り組みとしては地味であるが、小規模な市町村では、単独で実施することに何かと困難を伴うものの必要度の高い事務であるといえる。

　同じく総務省資料で取り上げられている、核となる都市がない地域での市町村間の連携の例としては長野県の木曽地域がある。平成28年度～30年度に木曽地域広域連携推進会議（3町3村の首長と、県現地機関の長、広域連合事務局長がメンバー）を7回開催し、連携に向けた協議を行っている。同じ3町3村は、平成30年3月から地方自治法に基づく連携協約を締結し、「木曽広域自立圏」を形成している（県は広域連携施策・事業に対して、独自に人的・財政的支援を行っている）。木曽広域自立圏では、圏域内への移住・定住・交流促進、眺望景観の整備、公共交通の維持・改善について、連携契約に基づいて取り組んでいる。

図表2－3 核となる都市がない地域における市町村間連携

○ 核となる都市がない地域における市町村間の広域連携では、基本的に、市町村相互間の協議によって合意形成・利害調整が行われているが、関係市町村で協議組織が設けられることも多い。その際、都道府県が、市町村間の調整や助言等の支援を積極的に行っている事例もある。

○ 静岡県においては、市町村合併が進まなかった伊豆半島南部賀茂地域（総人口が約6万1千人）は、今後著しい人口減少が想定される地域。賀茂地域広域連携会議（1市5町の首長、県特別補佐官がメンバー）を開催し、1市5町における行政運営面での連携などについて、県も参画のうえ協議を行っている。

賀茂地域広域連携会議

【構成員】
県特別補佐官（議長）及び管内1市5町の首長並びに管内選出県議会議員（参与）計8名
【事務局】
静岡県
【会議の目的】
県と1市5町の行政分野の連携や、県民・民間の連携強化に向けた政策協議の場
【開催実績】
23回（平成27年度～令和元年12月末）

<主な取組>

★指導主事の派遣・共同設置　[職員派遣] [連携協約] [機関等の共同設置]
・指導主事未配置の5町に県の指導主事を派遣（平成26～28年度）
・県と1市5町が地方自治法に基づく連携協約を締結し、同法に基づき5町で指導主事を共同設置（平成29年度～）

★消費生活センターの共同設置　[連携協約] [機関等の共同設置]
・消費生活相談員の確保や単独でのセンター整備が難しい
⇒県と5町で地方自治法に基づくセンター規約を制定して消費生活センターを共同設置（平成28年～）　⇒相談件数増

★障害者計画等の共同策定　[協議会]
・各種障害福祉サービス等について、1市5町で共有しているサービスが多い
⇒1市5町で地方自治法に基づく協議会を設置（平成18年度～）し、計画等を共同策定・推進

★税の徴収事務の共同処理　[協議会]
・県、市町の職員で賀茂市町村税の徴収整理回収協議会を設置し、相互併任による市町村税の徴収事務を共同で処理　⇒ 収入率UP

★地籍調査の共同実施　[協議会]
・専門知識を有した職員不足等の地域を理由により、「賀茂地域における地籍調査の共同実施に関する基本協定」を締結し、「賀茂地籍調査協議会」を設置。賀茂地域、市町村職員の相互併任による実施体制を整備（平成28年度～）

(出所) 総務省資料

都道府県による
補完・支援の例

　都道府県による市町村への補完・支援について、第32次地方制度調査会に提出された総務省資料では、①都道府県による市町村事務の代行（地方自治法に基づく）と、②都道府県と市町村による一体的なサービス提供体制の構築の2つに区分されている。

⑴　事務の代執行と事務の委託

　①は、「事務の代替執行」と「事務の委託」の形態をとり、市町村から都道府県に事務の実施主体を移す手法であって、権限と責任の所在は都道府県となる。そのうち、事務の代替執行は、平成26年の地方自治法の改正で実現したものであるが、現実に実施例はそれほど多くはない。長野県の天龍村では、水道事業の広域化が難しい山間部の小規模自治体であることから、県が公営企業管理者として簡易水道施設整備に係る事務を代替執行しているほか、平成30年7月1日現在で、宗像地区事務組合の上水道事業を北九州市が、大崎上島町の公害防止に関する事務を広島県が、それぞれ代替執行を行う、合計3例がある。

　一方、事務の委託の例としては、図表2－4で示した、秋田県が、生活排水処理事業の効率化と持続性確保のために、県北地区の下水道終末処理場7施設と、し尿処理場3施設から発生する汚泥の処理について、地方自治法に基づき、2市2町1組合から「事務の委託」を受けて、県の流域下水処理場で一体的に処理（資源化）している例がある。そこでは、し尿施設更新費＋20年間処分費でみると、約40億円の節減効果があったとされている。

○ 秋田県では、生活排水処理事業を一層効率化し、持続的なものとするため、県北地区の下水道終末処理場7施設、し尿処理場3施設から発生する汚泥の処理について、地方自治法に基づき、2市2町1組合から「事務の委託」を受けて、県の流域下水処理場で一体的に処理（資源化）している（平成27年2月～）。

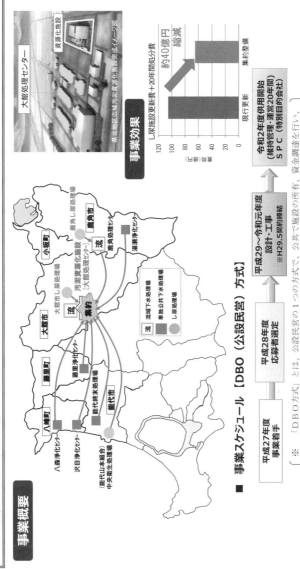

（出所）総務省資料

(2) 一体的なサービス提供体制の構築

　一方、②は「都道府県と市町村が、それぞれ有する経営資源（職員、財源、公共施設等）を活用し、一体となって行政サービスの提供体制を構築する取組（「協働的な手法」）」とされている。取り組み事例は、これもそれほど多くはない。そのメリットは、状況に応じた柔軟な対応ができることである。その反面で、デメリットないしは懸念事項として、「事務の実施主体を市町村としたままで、都道府県の有する経営資源を活用して行政サービスの提供体制を構築する取組だが、権限と責任の所在が不明確になるか。また、事務処理の安定性や継続性の確保が課題になるのではないか」「地方自治法の制度ではないことから、議会の関与が必ずしも担保されない等、住民自治の観点をどう考えるか」などが指摘されている。

　第32次地方制度調査会で総務省が提示した資料のなかで、②に該当する事例としては、次の6例が紹介されている。

○奈良県では、県南部の南和医療圏において、過疎化・高齢化、医療従事者不足による救急医療やへき地医療の機能低下等の課題に対処するため、南和医療圏構成市町村（1市3町8村）と県を構成団体とする「南和広域医療組合」（平成28年度から「南和広域医療企業団」に移行）を設立し、公立3病院（町立大淀病院、県立五條病院、町立国保吉野病院）を統合再編。

○秋田県では、老朽化に伴い、多額の改築更新費の確保が課題となっていた秋田市の公共下水道施設について、改築更新を行わず、県の流域下水道施設と処理区を統合予定（令和2年度）。

○奈良県では、市町村の土木技術職員が減少し、土木技術職員がいない町村も存在することを背景に、平成22年度から、県からの支援を希望する市町村について、道路施設に関する長寿命化修繕計画の策定業務、点検・修繕事業（設計・工事）を県が市町村から受託し（私法上の委託契約）、実施。

○奈良県では、県内全体の市町村税の徴収力強化（徴収率の向上、収入未済額の圧縮等）を図るため、県と市町村が協働して滞納整理を実施。／徴収業務に関するノウハウ及びスキルの共有化を図るとともに、地域に密着した市町村では強制徴収が困難な案件については県職員が徴収支援。

○静岡県教育委員会は、指導主事未配置の賀茂地区5町に県の指導主事を派遣（平成26〜28年度）。／県と賀茂地区の1市5町で連携協約を締結し、消費生活センターを共同設置（平成28年4月〜）。

○高知県では、市町村と連携しながら、地域に入り、住民と同じ目線で考え、地域とともに活動する県職員（「地域支援企画員」を市町村役場などに配置。／地域のニーズや考えを汲みながら、地域の振興や活性化に向けた取組みを支援。また、県の情報を市町村に伝え、県民の声、市町村の意見を県政に反映させるための活動を地域で展開。

(3) 都道府県による補完・支援の課題

　(2)でみたように、6例のうち半数の3例が、奈良県によるものである。総務省資料では個別の取り組みのように紹介されているが、奈良県では、それらを一連のものである「奈良モデル」として取り組まれてきた。その詳細は、本書の第4章以降で取り上げる。奈良モデルは、総務省の区分によると、都道府県による市町村への補完・支援における2類型のうちの「都道府県と市町村による一体的なサービス提供体制の構築」における代表的な取り組みということになる。また、秋田県や静岡県では、県のなかで特に条件の厳しい地域に限定して、特定の事務についての連携例であるが、奈良県の取り組みは、高知県の地域支援企画員制度と同様に、全県的な広がりを持っており、特定の事務に限らず分野横断的という意味で、大がかりな連携の事例であるといえる。

第32次地方制度調査会資料によると、都道府県の補完・支援については、近年の地方制度調査会では、「小規模市町村において、事務処理に必要な専門職員の確保等が困難となることを想定して、都道府県が、市町村の役割の一部を代わって担う仕組みが念頭に置かれてきた」とされている。実際に、地方自治法に基づく市町村事務の代行に期待する声は、小規模市町村から大きいにもかかわらず、代行する都道府県も事務の実施責任を負うことになり、市町村にしかない事務について必ずしもノウハウが蓄積されているとは限らないことから、取り組み事例はそれほどの広がりは見せていない。その一方で、奈良県や高知県では、かたちにとらわれず、県が持つ経営資源を活用して、都道府県と市町村による一体的なサービス提供体制の構築をめざしており、そちらの取り組みの方が活性化している傾向がある。

7 平成30年度地方財政対策における財政措置

　インフラの老朽化に伴って、公共施設の総合管理の必要性が強調されている。たとえば、道路や隧道、橋りょうの保守点検を行う場合に、専門的な知識を持った職員を自前で雇用することができない小規模町村は数多い。そこでは、都道府県の経営資源に頼るということになる。第2部で紹介するように、奈良モデルの取り組みにおいて、比較的早期に具体化し、成果をあげたのは橋りょうの点検における県職員によるサポートの例であった。

　また、近年、多発している大規模災害からの復旧・復興事業では、被災団体に土木職などの専門的な職員が不足している状況が多く見られ、他団体からの派遣によるサポートが不可欠である。小規模な被災自治体に対する場合を中心に、他の自治体からの応援職員のほか、県

の職員が派遣される例は多い。そうした職員派遣の仕組みを推進するための財政支援制度が、「技術職員の充実等（市町村支援・中長期派遣体制の強化）」であって、令和2年度から整えられた。地方財政制度の面で、地方の行政体制の整備に積極的に貢献する動きであって、画期的なことであった。

その背景やねらいについて、総務省「令和2年度地方財政計画の概要」（令和2年2月）（以下、概要という）は次のように説明する。

○近年、多発する自然災害への対応や、公共施設の老朽化を踏まえた適正管理が求められる中で、小規模市町村を中心に技術職員の不足が深刻化

○さらに、大規模災害時において、技術職員の中長期派遣を求める声が強いものの、恒常的に不足している状況

○このため、都道府県等が技術職員を増員し、平時に技術職員不足の市町村を支援するとともに、大規模災害時の中長期派遣要員を確保する場合に、増員された職員人件費に対して、地方財政措置を講ずる（必要）

すなわち、自然災害に対する復旧・復興への対応や、平時における公共施設の総合管理を適正に推進するうえで、とりわけ小規模市町村において技術職員（土木技師、建築技師、農業土木技師、林業技師）の不足が深刻化しているという問題意識にたって、都道府県等（市町村間連携として、他市町村の支援業務のために技術職員を増員・配置する市町村を含む）で技術職員を増員し「新たな技術職員群」を設けるというものである。そのスキームは、概要によると、（A）平時と（B）大規模災害時でそれぞれ次のかたちをとる。

まず、（A）技術職員不足の市町村支援（平時）については、次のスキームで都道府県等（市町村間連携として、他市町村の支援業務のために技術職員を増員・配置する市町村を含む）が行われる。

① 技術職員を増員

② ①の範囲内で、市町村支援業務（市町村の公共施設管理等に対する支援、災害査定・復旧事業等に対する支援など）のための技術職員を配置

③ ②の配置職員数の範囲内で、「中長期派遣可能な技術職員数」を総務省に報告

ついで、（B）中長期派遣要員の確保（大規模災害時）では、次のスキームで被災自治体へ職員派遣が行われる。

① 地方3団体等と総務省で構成する「確保調整本部」を設置

② 同本部において、中長期派遣調整の全体を総括

(1)新規分（（A）③）：確保調整本部で協議して決定

(2)現行スキーム分：被災自治体からの派遣要請と全国からの派遣申出を踏まえ決定

　近年の大規模災害時には、総務省は、その地域での勤務経験者を中心に、幹部級を含めて短期的に応援派遣を行っている。また、総務省では公務員部が中心となって、自治体間での職員の応援派遣についても、被災団体のニーズをくみ上げて派遣先を調整するなどを行っている。そうした経験を踏まえて、財政措置を伴う職員派遣の制度が整備されることとなった。

8 熊本県の県内市町村へのアンケート調査

　第1章では、事務配分に対する行政体制の不備に対する危機意識は高くないと指摘したが、第32次地方制度調査会などの議論に触発されたのか、熊本県では、平成30年度末に県内の全市町村に対して、「市町村における行政サービスの維持・向上に向けて、将来（2040〜2060

年）において想定される課題やそれらに対する考え方等」についてアンケート調査（市町村行政サービス維持・向上に係るアンケート）を実施している。これは危機意識を喚起する趣旨であったと考えられる。

　調査対象は、①防災危機管理、②住民、③地域振興、④交通、⑤集落・コミュニティ、⑥医療・保健、⑦福祉、⑧高齢者・介護、⑨子ども・子育て、⑩環境・生活、⑪商工・観光振興、⑫農林水産振興、⑬農林水産インフラ、⑭土木インフラ、⑮上下水道、⑯教育、⑰税、⑱総務事務、⑲議会・行政委員会、⑳その他、と多岐にわたっている。その結果は、令和元年９月に県議会地域対策特別委員会に提出された資料に拠れば、

- 県内全45市町村から回答を得、全ての市町村で本格的な人口減少・少子高齢化社会の到来に危機感を有していることを把握
- 多くの市町村が、各分野に共通する課題として「職員不足・財源不足による行政サービスの低下」、「民間・地域の人材不足による地域活力の低下」と回答

と取りまとめられている。

　そこでは、市町村が考える課題のうち、優先的に取り組むべき課題がある分野として回答が多かったものは、「土木インフラ分野」「農林水産振興分野」「商工・観光振興分野」「高齢者福祉・介護分野」「子ども・子育て分野」であった。また、職員不足による影響が懸念される分野では、「住民分野」「福祉分野」「土木インフラ分野」「教育分野」などの専門知識が必要な分野において職員不足による影響が懸念されているなどの結果が示されている。

　このように、熊本県の調査は、将来を見通したときに、市町村の行政体制に、多くの不安があることをあぶり出した。もっとも、それだけでは、連携を進めて、問題を解決しようという動きには容易にはつながらない。第32次地方制度調査会の資料をみても、市町村間の水平連携や、都道府県による支援や垂直補完の取り組みは、全国各地であ

るとはいいながら、その取り組みは、ごく一部の事務と、県内の一部の地域に限られる。持続可能性についても、万全とはいえない。また、全国を広く見たときに、中山間地域を多く抱える県では、すべからく取り組まれているということでもない。まったくその動きがない県も少なくない。筆者の知る限り、奈良県と高知県が突出していて、その次に鳥取県などが続いているといった状況である。一方、都道府県による市町村への支援・補完を、全国ベースで動かそうとなると、また合併、合併と攻め立てられるとのアレルギーが、特に町村から出てくる懸念がある。

　その状況をいかにして突破すべきか。熊本県の調査のように、実態があぶり出されることを糸口に、認識を少しずつ変えていく以外に、対応策は見いだしがたい。

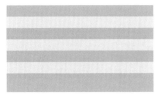

第3章

基礎自治体と都道府県の
関係のあり方

「新しい『基礎自治体像』について」が示す将来像

⑴ 新しい「基礎自治体像」

　市町村合併に代わる行政体制整備としての市町村間の水平連携、都道府県による垂直補完を具体的に進めている「奈良モデル」を第２部で紹介するに先立って、第１部の最後として、本章では、平成11年の地方分権一括法以来の地方分権が進んだ今日の状況における、基礎自治体のあり方についての理論的背景について紹介することとする。

　山﨑重孝氏（元内閣府事務次官）が総務省自治行政局行政体制整備室長であった平成16年12月と17年１月に発表した「新しい『基礎自治体像』について（上）（下）」『自治研究』（80巻12号・81巻１号、以下「山﨑論文」という）という論文がある。このなかで、山﨑氏は私見と断りながら、地方分権一括法以来のながれを踏まえ、今後の市町村行政のあり方について展望をしている。それを手がかりに、第32次を始め近年の地方制度調査会答申の背景となっている行政体制整備の課題についての認識について振り返る。

　まず、山﨑論文は、「家族や親戚、地域の自然発生的コミュニティ等の機能が衰退し、これからのサービスを別の形で誰かが提供することが期待されるようになってきた」（上38頁）との認識を示し、その期待を福祉国家の実現によって応えようとする場合、中央政府は年金や生活保護のような全国一律の現金給付については対応できるが、それだけでは限界があるとしている。そこで、「例えば保育サービスや介護に関するサービスのように一人一人に必要なサービスの内容が異なるという性格の対人サービスについては、中央政府が一律に提供することにはなじまない。個人や家庭になるべく近い政府がそのあり方を決定し供給する方がうまくいくものと考えられる。すなわち福祉国

家の道を選択し、これを発展させていくとするならば、サービスの適正供給の観点から住民に一番身近な政府に新たに社会化されて提供の必要が生じた公共サービスの提供を担わせることが自然となる」（上39頁）と述べている。

　神野直彦東京大学名誉教授（財政学）は、社会保障において現金給付は国が提供するとしても、現物給付は地方が担うことがふさわしいという認識を示しているが、山﨑論文もそれに沿った発想をしている。基礎自治体を強化することは、したがって、経済社会の近代化によって、家庭や地域コミュニティの相互扶助機能の衰退が止められない状況において、それを解決するにあたって一つの確立された方向性であるというのである。

　そこで、山﨑論文は、福祉国家の先進国であるスウェーデンにおいて、基礎自治体に対して、福祉に関する大幅な権限移譲が行われると同時に、最低人口8,000人を前提に、中心都市と農村の経済圏を一体化する基礎自治体の再編成が行われたことに対して、自然な流れであるとみなしている。そのうえで、わが国において、新たに社会化された公共サービスを提供する責任は、直接供給する場合に限らず、民間部門の活用や地域を支える住民との協働であっても、基礎自治体が、自らあるいはコーディネート役として、十分機能することが求められていると認識している。それこそが新しい基礎自治体像ということになる。

　山﨑論文は、機関委任事務を廃止し、改正後の地方自治法第2条第2項において「普通地方公共団体は、地域における事務及びその他の事務で法律又はこれに基づく政令により処理することとされるものを処理する。」と規定されたことで、「法的にも普通地方公共団体が『地域における事務』の一般的な処理主体となるとともに、主務大臣の一般的な指揮監督を受けることがないという意味で完全な統治団体となった」とし、加えて「地域における事務の第一義的帰属先は基礎的

な地方公共団体とし、基礎的な地方公共団体でできない性格の事務を広域の地方公共団体が処理する」（上44頁）と指摘し、それによって新しい基礎自治体像が規定されていることを論証している。

　そのうえで、山﨑論文は、地方分権一括法に盛り込まれた「市町村の合併の特例に関する法律」の下で進められた市町村合併（平成の合併）は、まさしく、新しい基礎自治体像の追求のために必要な措置であったと総括している。山﨑論文は、新しい基礎自治体に求められることは、第27次地方制度調査会答申にある「高度化する行政事務に的確に対処できる専門的な職種を含む職業集団を有するものとする必要がある」という観点から、個別事務処理の観点から基礎自治体の規模はどの程度であるべきかについて、実態に照らした分析を行っている。そのうえで、次のように指摘している。

「現在の我が国の行政は、市町村であるからには、総合行政主体として基本的に同じ事務をどの市町村でも処理することが前提となっている。人口減少が顕著になると、これに伴い地方税や地方交付税などの一般財源も減少するから、職員を支える人件費も落とさざるをえず、役場職員数は減少していかざるをえない。一方で市町村に要求される事務処理に範囲には変更がないので、必然的に職員は一人何役もの仕事を処理しなければならないこととなるのである。〔中略〕「小さな市町村ほど、地域の活性化に住民一丸となって取り組んでいる。」とか「地方自治の重要な要素である住民自治を一番実感できるのは小さな市町村である。」ということをよく耳にする。このような傾向があることについて否定するつもりはない。ただ、我が国の市町村のあり方を考えるとき、地域におけるナショナルミニマムサービスを総合的に供給する行政主体であるということをなおざりにすることはできない。地域における公共サービスの担い手が市町村以外にないとするならば、市町村が変容することによってこの役割を担い続ける必要があるのではないであろうか。」（上57〜

58頁）

　山﨑論文のこの箇所は、市町村合併の本質は、あるべき行政体制（すなわち、配分された事務＝権限にふさわしい体制整備＝規模の獲得）の実現であって、けっして財政問題ではないことである。財政問題がまったく関係ないわけではないが、それはあくまで副次的なものである。「合併しなければやっていけない」というときに、やっていけないのは、多くは職員体制に起因する事務処理能力の不足によるものであって、財源の不足ゆえではない。しかし、一般的に市町村合併とは財政問題だと解されてきたし、そのことはいまも変わらない。市町村合併の検証が行われる際に、その視点の多くが財政問題になりがちであることに、その点がよく表れている。

(2)　小規模町村の将来像

　山﨑論文は、基礎的自治体が本来に担うべき役割に照らした規模（事務配分にふさわしい職員体制が確保できる最低限の規模）について、各種の統計をもとに総合的に勘案したうえで、「条件のほとんどを満たす人口として一〇万人、かなりの部分を満たす人口として三万人が考えられるのではない〔か〕」（上65頁）としている。すなわち、市町村合併でめざす規模もまたその程度というのである。

　もちろん、全国の市町村が、少なくとも３万人以上の規模になることは自主的合併の枠組みのなかで期待できることではないし、また離島が典型であるが、広大な地域に少数の人口が点在するなど、地理的な理由から３万人規模の市町村にすることが、基礎自治体として機能するうえで合理的ではないような地域も存在する。そうした問題にどのように対応するかが、「ポスト平成の合併」で構想される施策となる。そうした検討は、平成の合併のさなかの平成14年に第27次地方制度調査会で「西尾私案」などのかたちで取り上げられたが、異論も多く、最終的に成案には至っていない。答申（第27次地方制度調査会）

では、検討経過を踏まえて、次のように記されている。

「(客観的に市町村合併による体制整備が困難な状況にある) **市町村についっては、組織機構を簡素化した上で、法令による義務付けのない自治事務は一般的に処理するが、通常の基礎自治体に法令上義務付けられた事務については窓口サービス等その一部のみを処理し、都道府県にそれ以外の事務の処理を義務付ける特例的団体の制度の導入についても引き続き検討する必要がある。この場合において、都道府県は当該事務を自ら処理することとするほか、近隣の基礎自治体に委託すること等も考えられる。**」

答申のこの検討事項については、結果的に、その後、進捗していない。小規模町村の権能の縮小を前提とするような制度は、当時から現在まで振り返っても、受け入れられる余地はほとんどないといえる。その一方で、連携・協働の手段をさらに整えて、さまざまな形で自主的に行政体制の積極的な整備を進めることについては少しずつではあるが、実績として拡大してきている。それは一般行政だけでなく、水道事業や下水道事業などの公営企業の分野でも、近年では広域行政による取り組みとして顕著な動きが見られる。体制整備が実質的に進むうえでの方策は、現在の状況では、山﨑論文が構想した手法よりも多様な展開を見せており、その成果として一定の進捗も示してきている。

(3)　都道府県のあり方

山﨑論文は、新しい基礎自治体像の追求が基本方針であり、都道府県が市町村を補完することは視野にあっても、それが主たる手段となることを想定していない。都道府県については、論文の最後の箇所で、都道府県は地方分権一括法以前の中間的存在である性格を払拭して、都道府県でなければできない事務に重点を移し、「都道府県自らがそのレゾンデートルを明確にするために改革に挑む必要がある」（下87頁）とするなど、新しい広域自治体像を自ら求めることを促し

ている。平成の合併後、広域連携の仕組みとして具体化したものに、定住自立圏や連携中枢都市圏があるが、それらはいわゆる水平連携を基本とする仕組みであって、県が関与する垂直補完は少なくとも主たる手段ではない。基礎自治体像の追求を理念とする流れに照らせば、それは自然といえる。

　現在までの地方自治制度の動きをみると、平成の合併が一段落した後は、第32次地方制度調査会での検討でもそうであったように、核となる都市がある地域では連携中枢都市・定住自立圏による水平連携（そこでは、都道府県の役割はほとんどない）、核となる都市がない地域では、枠組みにとらわれない市町村間での連携、または都道府県による市町村への補完・支援のうち、地方自治法に基づく県への事務の委託または代替執行が想定されてきた。ところが、実態としては、どちらかといえば、都道府県による市町村への補完・支援で広がりがあって、都道府県と市町村による一体的なサービス提供体制の構築について、実績が積み上がってきたところがある。この点について、どのように考えればよいのか。

2　戦後改革における県と市町村の関係

(1)　戦後の制度改革と議論

　ここで、現行の地方自治制度における県と市町村の関係をどのように規定してきたかの経緯について振り返りたい。戦後の知事の公選制をはじめとする府県制度改革は、東京都制や市町村制の改革とともに、憲法施行前の昭和21年10月に施行されている。その内容は、同年３月にGHQの意向を受けて発表された憲法改正草案要綱に沿ったものである。それまでの府県では官選知事であって、その性格は国（内

務省）の総合出先機関というべきものであった。府県を自治体化した
ことは、地方分権という意味では大きな成果であったが、その一方
で、各省は、個別に多くの出先機関を設けるようになり、それを通じ
た自治体を統制する様相を示すようになった。昭和23年制定の地方財
政法では、そうした各省の出先機関を通じた地方支配に対抗しようと
して、国と地方の負担区分の原則を打ち出している。ともあれ、総合
出先機関としての府県を自治体化したことで、国と地方、府県と市町
村との関係が問われることとなった。

　一方、憲法と同時施行の地方自治法は、大都市制度については、特
別市として、大都市を府県の監督から独立させることとし、その権能
および地位は原則として都道府県と同様に扱うこととした。しかし、
施行されないまま、昭和31年の地方自治法の改正で政令指定都市に切
り替えられ、現在に至っている。

　昭和24年のシャウプ勧告は、地方自治制度については、事務再配分
として、従来の大陸型の融合型事務配分を分離型の事務配分に改める
方向性を打ち出すと同時に、基礎自治体中心主義に伴って市町村合併
の推進の必要性を指摘した。事務再配分における具体案の検討を任さ
れたのが地方行政調査委員会議であって、その勧告は議長の神戸正雄
氏（京都大学教授などを歴任、京都市長）の名前をとって神戸勧告と
呼ばれる。この神戸勧告については、「（対日占領政策の転換を受け
た）社会・政治情勢の変化は、戦前からの制度を変更することをより
難しくし、結局は、既得の権限に固執する国の各省庁の抵抗にあい、
その内容はほとんど実現されなかった」（橋本勇『地方自治のあゆみ―
―分権の時代にむけて』良書普及会、1995年）という評価が一般的で
ある。

　地方行政調査委員会議の事務局であった佐久間彊は、「神戸勧告の
教訓」という論考（『地方自治法施行30周年記念自治論文集』昭和52
年）で、「神戸勧告は、ひとくちにいえば、日本国憲法の精神にそっ

た新しい地方分権の確立をめざすものであった。神戸勧告は、行政事務再配分の問題を主たるテーマとするものではあったが、それは、その前提として、これからの国と地方公共団体との関係のあるべき姿を描き、さらに、行政事務再配分の問題と不可分の問題として、地方公共団体の区域の再編成についてその方向を示している。そして、これらが全体としてまとまったひとつの地方分権思想を形成している」として、実現しなかったとはいえ、「思想上においては、この三〇年間地方自治を論じたり考えたりする多数の人々の思考のなかに、本人が意識していると否とにかかわらず、広くかつ深い影響を与えてきた。いいかえれば、思想上においては、神戸勧告は既に実現をみているといってよい」と述べられている。筆者は、佐久間論考の指摘について、シャウプ勧告流の事務配分論は、方向性の議論としてのみ受け入れられたのであって、直ちにそれを実現すべきことではないと判断されたものと受け止めている。

　大都市行政の一体性の確保の観点から進められた東京都の特別区長の公選廃止（昭和27年）とともに、特別市から政令指定都市への見直し、神戸勧告の不徹底（その一方で、市町村合併の推進）などについては、いずれも占領統治終了後の「反動」とみなされることがある。占領統治における自治制度の改革を義とみなせば、不義というニュアンスを込めてである。一方、さまざまな意味でハイブリッドであるが、日本型の地方自治として形成された独自の姿として、けっして悪くないという評価もある。

　戦後改革と占領統治の揺り戻しが、さらに振れたのが、昭和32年の第4次地方制度調査会の「地方」案（府県を廃止し、国と地方公共団体の中間的団体としての地方に再編、官選の長を置く）といえよう。さすがに、これは地方制度調査会のなかでも反対意見が多く、答申案は実現されなかった。都道府県のあり方は今のままでいいのかという問いはあったものの、その後、しばらくは自治制度の改革に基づく大

きな制度改革の議論は起きなかった。

(2) 戦後の制度改革の評価

　以上、ごく簡単に、戦後改革において、国と地方のあり方、都道府県と市町村のあり方の経緯を振り返った。そこでは、占領統治下のアメリカ流の自治論と戦前から続く大陸型の自治制度のせめぎ合いを底流として、地方自治をめぐる思想的な対立も相まって、左に大きく振れては揺り戻し、逆に振れてはまた揺り戻しして、折衷的な仕組みとして運営されてきたことが読み取れる。その一方で、そのことを中庸とみるか、あるべき改革の挫折とみるかの総括はけっして行われることはなかった。どちらかといえば、研究者の世界では後者の見方が多く、中庸とみる見方が正面切って認識されることはあまりなかった印象が筆者にはある。

　地方自治法の起草に関わったとされる鈴木俊一氏（自治事務次官、内閣官房副長官、東京都知事を歴任）は、地方分権一括法につながる地方分権改革の動きが表面化する直前である昭和63年の論考「自治制度百年の変遷とその評価」（『地方自治法施行40周年・自治制公布百年記念　自治論文集』）のなかで、事務配分のあり方について、地方への事務配分は十分であって、これ以上に国から委譲する必要はないものの、「唯、問題は、独仏等ヨーロッパ大陸型の機関委任事務方式による事務配分方法を、戦前の自治制以来の惰性として、今日に至るも、なお、引きつづき採用しているところにある。これを、かりに、委任方式をとるにしても、団体委任方式に全面的に切り替えるべきである」とし、併せて地方事務官制度の見直しを求めている。すなわち、地方分権改革として、当面、必要な課題はその２つであり、それ以上のことをして、中庸のバランスを変える必要は、特段ないという評価である。

⑶　平成の分権改革

　その後、平成11年の地方分権一括法は、平成の分権改革ともいうべきものを大きく動かした。そこに至る前段についても述べるべきことは多いが、地方自治制度研究会編（『地方分権　20年のあゆみ』ぎょうせい、2015年）に譲るとして、そこでは大きな社会的なエネルギーが発出された。機関委任事務の廃止を象徴とする一連の改革が実現し、そこでは、国と地方の関係を対等協力にするという、大きな成果があった。その一方で、それは戦後改革の流れからすれば、ハイブリッドな制度におけるバランスのわずかな移動であるともいえる。また、市町村合併も行われた。これもまた、地方自治のあり方という点で、事務配分と自治体の規模ないしは行政圏域の合理性の回復というところに主眼があって、事務配分の見直しなどの自治制度の改革を伴うものというよりも、現行制度の趣旨を維持するための改革であった。地方分権改革としては、ここで終わってはいけないという見方が一般的であった

　その後、税財政の改革では、三位一体改革などがあったものの、不発であったという評価が一般的であり、義務付け・枠付け等の見直しを恒常的に行う、現在の手あげ方式に移行し、一定のルールに基づいて、国の地方への不当な関与を排除する仕組みができた。そのことで十分といわないまでも評価すべきか、それではまったく不十分とするかによって、平成の分権改革への評価は二分される。

⑷　分権改革の評価とその後

　西尾勝氏（東京大学名誉教授）は平成の分権改革を次のように振り返っている。すなわち地方分権改革を国民的議論として盛り上げていく段階では、多くの政治的エネルギーを発出するためには、異なる流儀の地方分権論であっても、あたかも仲間割れをしたようなことをせずに強調すべきであった。しかし、義務付けの見直しが恒常化した段

階で、地方分権改革のあり方については急進的展開に対して警戒感を示している。すなわち、財税源の改革などで不十分なところはあるが、それ以上の改革を急ぐのではなく、それまでの改革の成果が確実に定着するようにすべきであるとする。すなわち、所掌事務拡張路線ではなく、自由度拡充路線をもって、当面、めざすべき地方分権改革の路線であると主張する（たとえば、平成25年9月30日、第5回地方分権改革推進有識者会議（内閣府）における西尾氏提出資料「地方分権改革の総括と今後の展望」）。西尾氏は、同じ地方分権改革派であっても、このあたりで、所掌事務拡張路線と袂を分かつべきだとしている。

　そこでいう所掌事務拡張路線に該当するのが、道州制の推進であり、特別市の実現である。一方、大阪都構想は、少なくとも「対国」という意味では、所掌事務拡張路線ではないが、統治機構の大胆な改革が必要だという点では、それらに通じる部分がある。道州制は事務再配分論に通じ、特別市は占領統治時代の地方自治法の規定であって、その改正で蓋をしたものである。大阪都構想は東京都制度改革に対応したものである。いずれも、本節で述べてきた戦後の地方自治制度改革の流れのなかで、一度は遡上に載りながら、一種のバランス論のなかで、蓋をして葬ってきたことの復活であることに気付かされる。シャウプ勧告の事務再配分は、あくまで方向性の議論であってベクトルを指すだけのことで当面よしとするか、シャウプ勧告から70年以上も経過して、さっさと実現すべきだとするかの主張の違いであるといってよい。

　現代において、地方自治にかかる改革で注目を浴びるのは、いうまでもなく、道州制と特別市、大阪都構想などの大ぶりの制度改革である。毎年度、継続的に義務付けの見直し等を実現している、いわゆる地方分権一括法は、法律が成立しても、朝刊のベタ記事にももはやならない。自由度拡充路線では注目を浴びないのである。その一方で、

道州制や特別市については一部では熱心に議論されているが、それほどの広がりはない。また、大阪都構想は住民投票を2度実施しながら、実現しなかった。

　ここまで述べてきたように、県は国と市町村の中間段階の自治体であって、その性格も中間的である、いいかえれば、明確ではないというところがある。平成11年の地方分権一括法で強化された基礎自治体が実現すると、県の存在意義は薄くなる。広域連携は、連携中枢都市圏・定住自立圏による水平連携で十分となる。その一方で、道州制といったかたちで、国の権限を取り込み、広域化することで、道・州となって、基礎自治体と並ぶ「ダブル主役」になるという目論見は、今のところ成功していない。

(5)　2040年問題が迫る自治制度の変容

　ここへ来て動きが顕著となってきたのは、2040年を想起すると、人口減少が大きく進んで、基礎自治体がその役割を十分に果たすことができないことが想定される中心間地域を多く抱える県における、県による市町村補完の動きである。しかも、それは地方自治法に基づく県への事務委託また代替執行ではない。都道府県と市町村による一体的なサービス提供体制の構築という協働のかたちである。奈良県の奈良モデル、高知県の地域支援企画員が、分野を横断して、全県的に取り組む実績例として突出している印象がある。

　筆者は、それを人口減少時代の県と市町村の総力戦と呼んでいる。そこでいう総力戦とは、かたちにとらわれず、状況に応じて、県と市町村がいわば入り乱れたかたちで、事務を執行するということである。法令違反こそしてはいけないが、法的な責任の所在といった観点でいえば、場合によっては万全の構えであるとはいえないとしても、事務の執行を優先させるための裁量的な判断が含まれてもよいという割り切りである。

奈良モデルも高知県の地域支援企画員制度も、地方自治法の改正を必要とするような制度的な枠組みではない。運用として行われてきたものである。地方から国に勇ましく異を唱えるものでも、国から何かを勝ち取るものでもない。それだけに目立たず、注目度も薄い。しかし、それらは、地方分権改革の文脈のなかにあって、地方分権一括法において獲得された、対等協力の関係を前提に、近年の自治体連携における自由度拡大の成果を活かしながら、先述の西尾氏の論考でいう自由度拡充路線に沿って、与えられた権限を使いこなして、地域の実態に合ったオーダーメイドの行政運営を実現しようとする営みである。奈良モデルも地域支援企画員制度も、今日の地方分権改革の文脈では、地味であるが、そこから外れたものではない。むしろその具体的な成果であり、トップランナーともいうべきものである。

③ 人口減少で求められる県主導による広域連携と奈良モデル

　平成20年度から開始された後期高齢者医療制度は、全国47都道府県単位で広域連合を設置して、従来の職域保険とは異なる、地域別の公的医療保険として開始されている。そして、医療保険の単位を都道府県にするという構想は、それから10年後の平成30年度から開始された国民健康保険制度改革によってさらに鮮明となった。都道府県も国民健康保険の保険者と位置づけられ、財政運営の責任主体となると同時に、国保運営方針に基づき、事務の効率化、標準化、広域化を推進することとされている。戦後改革において、市町村重視の事務配分がめざされたときに、その象徴的な事務の一つが国民健康保険であった。そのことに照らすと、医療保険制度の改革という機能的な目的からのものであり、地方自治制度のあり方に異を唱えるものではないとはい

え、人口減少社会において、市町村単位で生活を支える基本的な公共サービスの提供が困難になっていることを端的に示したものが、平成30年度の国民健康保険制度改革であった。

　また、前述（第2章）の、令和2年度から実現した「技術職員の充実等（市町村支援・中長期派遣体制の強化）」がある。公共施設等総合管理計画の推進と災害派遣を契機として、小規模町村では、技術職員を抱えられないという現実的な課題への対応策として設けられた、県による垂直補完を前に進めるための、それまでになかった新しい財政措置である。地方分権のあるべき姿を、高齢化と人口減少という現実問題が飛び越えて、県による垂直補完を強く促しているものといえる。

　2040年における地域の実態に対して、基礎自治体がいかにも力不足に陥るという現実は、中山間地域を多く抱える県に対して、新たな役割を与えたといえる。それは、県の市町村化あるいは県と市町村の一体化である。そこでいう一体化とは、県による市町村補完のなかでも、都道府県と市町村による一体的なサービス提供体制の構築、つまり県と市町村の総力戦の方のウエイトが高まるということである。

　人口減少が著しく、中山間地域を多く抱える県では、県による市町村補完の必要性は高い。しかし、その取り組みは、県によって大きな差がある。必ずしも、人口減少が著しい県ほど取り組みが深化しているとはいえない。県の市町村化、あるいは県と市町村の一体化をめざす少数の県は、いずれも、人口減少が著しく、核となる都市がごく少数しか存在しない県であるとしかいえない。現実に課題があっても、それに真に向き合おうとしている県は少数でしかない。

　地方分権というと、道州制や都構想などの制度論ばかりに注目が集まる。また、自治体の関心は、実のところ財源の充実のほうである。確かにそれも大切であるが、事務配分に対して十分な行政体制を確保するという地味な課題はないがしろになりがちである。それに対し

て、第32次地方制度調査会は、2040年の姿に向き合うように、自治体に意識改革を求めている。

第2部で取り上げる奈良モデルとは、市町村合併が進まなかった県として、県が斡旋するかたちで市町村間の水平連携を促すことと、県による市町村行政への直接補完の両方を、さまざまな手法を駆使して、実現していくかたちである。その具体的な姿を見ると、県と市町村のあるべき姿を飛び越えた総力戦という表現がしっくりくる。

奈良モデルは、人口減少時代の行政体制の課題に対する、奈良県固有の回答である。奈良モデルは参照されるべきであるが、それ自体は模倣されるべきものではない。奈良モデルの提案に対して全国の自治体が刺激を受け、啓発されて、それぞれの地域での問題解決が、それぞれの手法で進むことが期待されるものである。

先に紹介した山﨑論文は、「地方自治法は、第2条第2項の事務（筆者注：普通地方公共団体が処理すべき事務）については、まず市町村が処理することを想定し、市町村が処理することが困難な事務を都道府県が、都道府県でも困難な場合に国が処理することを想定しているものと考えることができる。都道府県の事務は市町村の区域や事務処理の実力によって変動することが想定される。このような意味において、都道府県の地方自治法上における地位はさほど安定的なものではなく、市町村のあり方によって常に変容することがビルトインされているものと考えることができる」（上49頁）と指摘している。

基礎自治体中心主義とは、県が、自らの有り様を状況に応じて変化させることであって、大都市圏では、自らの存在感を薄め、中山間地域を多く抱える県では、県の市町村化、県と市町村の一体化を図ることを余儀なくさせている。それが、2040年の姿が突きつける現実ということになる。

第2部

2040年を先取りする奈良モデルの展開

第4章

奈良モデルはどのような経緯で形成されてきたか

1 奈良モデルの形成で注目すべき点

　第2部で取り上げる奈良モデルは、どの県でも参照すべき「モデル」であるが、電算システムに擬えるならば、高度にカスタマイズされたシステムである。社会学的にいうならば、時間と空間の拘束を受ける。具体的には、奈良県が、和歌山県と並んで関西ではもっとも人口減少が著しい地域であって、地理的にもまた政治的に市町村合併が難しい地域であり、かつ合併もほとんど実現しなかったうえに、荒井正吾奈良県知事（以下「荒井知事」という）というユニークな政治家が、半ば強引に実現してきた仕組みだということである。もちろん、奈良県内の市町村が、荒井知事の呼びかけに歩調を合わせるメリットを感じたからこそ、ここまでの形になった。その一方で、奈良県のような地域は国内にはけっして少なくないが、奈良モデルのような展開が各地で起きているわけではない。まさに属人的な働きによってできたものである。自然発生的なものではないために、どこの都道府県でも簡単に真似ができるものではない。それだけに、注目すべきはその形成過程である。荒井知事がどのように発想し、どのように県内市町村の合意を取り付けていったかである。

　県と市町村の政治的合意については、理論的な整合性だけで取り付けられるものではない。経済的・政治的メリットがなければ、法律で縛らない限り、市町村が自ら協力するものではない。法律で縛ったとしても、メリットがなければ、市町村が主体的に動くとは限らない。荒井知事は、そこできわめてユニークな手法をとった。首長同士が頻繁に顔を合わせて、意見交換をして意思疎通を図ったことである。外交における基本的な手法に倣い、奈良県では、首長外交として合意形成の過程を踏んできた。そこに多大なエネルギーを割いた。それにこ

そ他県の追随を許さない秘密がある。他県がなかなか真似できないのも、そこに秘密がある。首長外交がなければ市町村を動かせないことを感覚として理解することが難しいうえに、できたとしても、知事が率先してそれを行う勇気はなかなか持ち得ないからである。

2 奈良モデルの展開の時期区分

(1) 3つの時期区分

　奈良モデルの展開について、平成29年3月に取りまとめられた「『奈良モデル』のあり方検討委員会報告書　奈良モデル〜人口減少・少子高齢社会に立ち向かう県と市町村の総力戦〜」(以下「奈良モデル29年報告」という)は、次に示す①〜③の3つの時期に区分している。

「①奈良県にふさわしい県と市町村の役割分担のあり方を検討(平成20〜21年度)

　　平成20年10月、県と市町村が連携・協働して奈良県という地域に最適な地方行政のしくみを模索するため、小西砂千夫関西学院大学大学院教授と伊藤忠通奈良県立大学学長をアドバイザーに迎え、市長会・町村会の会長、知事等をメンバーとする「県・市町村の役割分担検討協議会」を立ち上げた。ここでは、地方行政の担い手である県と市町村が有している人材、財源及び様々な施設などの資源を県全体として効率的に有効活用するという発想の下、既定の考えにとらわれず、市町村の実情を踏まえ、「補完と自律」を基本とした奈良県という地域に最適な県と市町村の役割分担のあり方について検討した。」

　平成21年度末の22年3月には、外部の有識者などを交えずに、「『奈良モデル』検討報告書〜県と市町村の役割分担のあり方〜」(以下

「奈良モデル22年報告」という）をとりまとめている。そこで、県と市町村が対等な立場で合意に基づき連携するという奈良モデルの基本的な考え方を明らかにしている。奈良モデル22年報告では、県と市町村の役割分担の検討の方向性を次の(a)から(c)の３つに整理したうえで、役割分担見直し検討対象として73業務を挙げている。それらの業務について、順次、役割分担の見直しを進めていくとしている。

  (a)市町村同士の連携による効率化（水平補完）：職員数削減や専門職員の不足への対応や、経費節減につながる市町村同士の共同処理を推進する。県は共同化の実現に向けた調整を積極的に行うとともに、県も関わる業務については連携に参加する。

  (b)小規模町村への県の支援（垂直補完）：行政サービスを維持するために必要な場合は、町村が実施すべきものとされている事務であっても、県がその事務を支援（代行）する。

  (c)市町村への権限移譲：基礎自治体優先の原則の下、市町村が望む場合には、県の事務であっても、市町村へ事務の執行を委任し、または権限を移譲する。

次いで、奈良モデル29年報告では、平成22年度からは第２期が始まるとされている。

「②連携・協働の取組が可能な分野から順次実行を開始（平成22〜25年度）

平成22年度には、「『奈良モデル』検討報告書」でとりまとめた、役割分担の見直しや検討が必要な業務の現状と課題を検証するため、「県・市町村の役割分担検討協議会」を発展的に解消し、「奈良モデル」検討会を立ち上げた。「奈良モデル」検討会は、役割分担の見直しが必要とされた業務について知事と市町村長が一堂に会して議論し、取組の方向性について合意形成を図る場である。73業務のうち、①緊急度の高いもの、②市町村の要望の強いもの、③効率化の効果が高いものから優先的に具体的な協議を行ってきた。平成

21年から開始された「奈良県・市町村長サミット」の主要テーマに「奈良モデル」検討会を位置づけることにより、知事と市町村長が総力戦で「奈良モデル」を強力に推進していくしくみが確立した。また、「奈良モデル」検討会で合意された取組については、当該事務を担当する県または市町村の担当課に事務レベルの作業部会を設置し、具体化に向けた検討を行った。」

　奈良モデル29年報告によれば、第2期は奈良モデルの展開手法が確立され、具体的成果につなげていった時期と位置づけられている。当時は、毎月のように開催されていた「奈良県・市町村長サミット」で知事と市町村長が、直接、意見を交わす場を設けると同時に、深掘りすべきテーマについては、県と市町村の担当職員の間の作業部会を設置し、実務的に検討する手法をとっている。そのなかで具体化した成果として、奈良モデル29年報告は、南和広域医療組合の設立（平成23年度）、市町村税の税収強化のための7町によるネットワーク型共同徴収の開始（平成25年度）、県内全市町村の橋梁長寿命化修繕計画策定の完了（平成25年度）の3つを挙げている。

　次いで平成26年度からは第3期が始まるとしている。

「③県と市町村が協働で事業を実施するなど新たな形での「奈良モデル」が進展（平成26年度～）

　近年では、「『奈良モデル』検討報告書」における役割分担見直し検討対象73業務の枠にとらわれず、県と市町村が協働でまちづくりを推進するほか、「奈良県地域医療構想」や「奈良県教育振興大綱」、「奈良県公共交通基本計画」、「奈良県地域福祉計画」等の県域全体を対象とした基本計画について、策定段階から県が市町村に情報を提供し、また策定に市町村が参画し、その目的実現のために協力するなど、新たな分野において県と市町村が協働で事業を実施している。また、個別の取組も徐々に成果が上がっている。平成26年度には、37市町村が構成団体となる奈良県広域消防組合が発足し

た。平成28年度には南和地域の核となる南奈良総合医療センターが開院、ごみ処理広域化に向けた検討が進み一部事務組合が新たに2地域で設立、さらに、磯城郡3町において水道広域化に向けた協定が締結されるなど、今後の事業の進捗が期待されるところである。「連携・協働によるまちづくり」の取組も全県的に進み、平成29年2月までに包括協定を18市町村と締結している。」

　第3期は、奈良モデル22年報告で挙げた73業務の枠を越えて、県と市町村の協働が展開された時期と位置づけられている。そのなかで注目されるのは、県と市町村の「まちづくり包括協定」である。そこでは、都市機能の集積や低未利用地の活用に関して、県と市町村が協定を結んで、都市機能の再整備を図ることなどがめざされている。また、奈良モデル29年報告では、同報告がとりまとめられた時期の関係で挙げられていないが、国が進める国民健康保険の改革に呼応して、県内市町村の保険料の統一や医療費の抑制など社会保障改革に係る県と市町村の連携も、第3期における特徴的な取り組みである。

(2)　もう一つの時期区分

　奈良モデル29年報告のとりまとめには筆者も参加したので、その時期区分には異論はないが、その区分はどちらかといえば、取りまとめていくときの手法や成果に注目したものである。一方、奈良モデルは荒井知事の属人的な役割に負うところが大きいと筆者が考えることに従えば、荒井知事の任期（平成19年の統一地方選挙以降の4年ごと）によって整理することもまた有効である。

　その場合、平成19年に始まる知事任期の1期目は、荒井知事自身があるべき姿を模索し、手探りで手法を確立する時期であったといえる。一方、県内市町村は、そうした県の動きを一方で歓迎しながらも、「その気になったところで、はしごを外されることはないか」とどこかで警戒しながら、見守っていた時期だといえる。これは、筆者

が奈良モデルを傍観してきたうえでの実感である。

　ついで、平成23年に始まる第2期目は、県知事選挙で、関西広域連合への加入を有力な公約に掲げる対抗馬を現職が破って、当選後、奈良モデルを精力的に展開し、具体的な成果が目に見えて表れた時期となる。その結果、奈良県内では、奈良モデルへの政治的求心力が高まり、一定の成果に結ついていった。そのため、3期目を目指した荒井知事の知事選挙では、大半の市町村長がこぞって知事選挙での支援を表明することになった。

　平成27年の統一地方選挙で第3期目の当選を決めた直後、支持者を前にした荒井知事は、挨拶の開口一番「奈良モデルというような取り組みを進めてきた成果を認めていただいた」、という趣旨の発言をしている。それは、奈良モデルが名実ともに、奈良県の地方行政の中心となった瞬間であるといえる。第3期目は、まちづくりや社会保障改革における奈良モデル、あるいは水道事業の県と市町村の一体化（具体例では磯城郡3町の水道事業の経営統合）など、大胆な改革に踏み出し、その勢いそのままに、平成31年の統一地方選挙から始まる第4期に突入している。以上のように、奈良モデルは、政治風景としてみたときには、荒井県政の1期目、2期目、そして3期目以降という区分で、形成され発展してきたと考えることができる。

3　荒井県政1期目の風景

⑴　荒井知事の政治姿勢

　荒井知事は、「『このくにのかたち』を考える」というコラムを、時事通信のi-JAMPに平成22年11月から令和3年7月現在まで23回にわたって掲載し、今後も継続される見込みである。その第1回では、

次のように記述されている。

「わが国の国と地方の行政の役割について歴史的変遷を見ると、奈良
　時代と明治時代に中央集権的国家が成立していました。その他の時
　代は差がありますが、おおむね、地方分権的な国家体制でした。ど
　うしてこの二つの時代に中央集権的国家が成立したのでしょうか。
　それは、当時の国際情勢の緊迫性にあったと思われます。これらの
　時代における国際情勢の緊迫とは、近隣に強国が成立した、あるい
　は強国が近隣に近寄ってきたということであり、「国の力」を強め
　る必要が生じたということです。」

　そのうえで、現在のようなグローバル化された社会において、国と
地方の関係については、次のように述べられている。

「中央政府の役割は、グローバル化された国際社会の中で、日本の生
　存領域を確立、保全することにあります。また、地方政府がどのよ
　うな役割を有するべきかは、中央政府の権限と責任の所在と大いに
　関係します。」

　平成23年2月の第2回においては、さらに次のように述べられてい
る。

「国の行政意思は、地方政府が行政を執行する段階で、地域の行政課
　題に基づく地域の行政意思に組み替え、リセットされなければいけ
　ません。地方政府の仕事は、縦に作られた道具を、横にして使うこ
　とだとも言えます。私は、県の職員に「君たちの上司は県民だ」と
　言っています。これは、県職員は、各省庁のためではなく、個別の
　議員のためでもなく、また知事のためでもなく、県民のため地域の
　ために働く意識を持つようにという意味です。〔中略〕国家組織を
　サッカーのポジションに例えると、国はDF（ディフェンダー）、市
　町村はFW（フォワード）、そして県はMF（ミッドフィルダー）と
　いうことになると思いますが、オールジャパンの国家組織が国際試
　合で良い成績を収めるためには、オシム元全日本監督の言われたよ

うに、MFたる県は、とにかく、よく考えて、よく走ることが肝要だと思っています。」

　そこで重要なことは、中央政府の権限や責任を、県に移譲するような統治機構の改革について、一切関心を示していないことである。その当時、道州制などの議論が、地方分権のさらなる推進という文脈で盛んに議論されてきたことに照らせば、注意すべきことである。道州制を否定する直接的な表現こそないが、それを指向しないことは明らかである。むしろ、グローバル化が進む時代には、道州制のような国の統治を弱める方向性は、緊張感を高める国際状況のなかでは、危険であることを明確に指摘している。そのうえで、中央集権的な社会とならないために、県職員は国の府省の部下にならないよう、上司は県民であると釘を刺す。地方分権の主役たる市町村を前面に出しつつも、県は、市町村を補完するために「縦に作られた道具を、横にして使う」として、状況に応じて柔軟にその役割を変えなければならないとする。

　すなわち、市町村のサポートすることを基本的な役割とする一方で、必要に応じて市町村に替わって直接執行するのだという。これが、いまの時代の地方行政と県政に関する荒井哲学であるといえる。このように、荒井知事は、自らの言葉で県政のあるべき姿を語ることのできる数少ない地方政治家である。奈良モデルの原型も、そのような荒井知事の発想から出てきたものである。「上司は県民」という表現は、平成19年5月の知事就任直後の就任式の挨拶でも述べている。

「知事部局の仕事は、基本的には県民のサービスに努めるということが第一であり、そのことが、目的のほとんど全てであろうかと思います。公務員全般に言えると思うんですが、公務員の上司は、大臣でも知事でもなく、国民であり県民が上司でございます。政治家でもないわけでございます。政治家と公務員は、民主主義の中での三権分立ですから、これには緊張関係にありこそすれ、上司であって

はいけないわけであります。**選挙民の意思をどのように斟酌するか
という、組織をもった公務サービスであるわけでございますので、
そのサービスが県民ニーズに合ってるかどうかというのは、いつも
検証されなきゃいけないわけでございますが、上司は、政治家でも
知事でも大臣でもないということが本質じゃないかというふうに
思っております。」**

　このように、「上司は県民あって、県はミッドフィルダーたるべ
き」という発想は、知事就任の時点ですでにあった。そのうえで、知
事に就任して、奈良県内の市町村を見渡してみたところ、都市部は県
土の北部に集中し、小規模町村がきわめて多く、人口減少が急激に進
むことが予想される。しかし、合併は進まず、平成の合併の財政優遇
措置はもう終わっている。そもそも県南部は地理的に合併という手段
は有効ではない。さて、そのような状況で、県政をどのように展開し
ていくべきか。

(2)　奈良モデルの下地の形成

　常識的に考えて、県は県自体の課題を粛々とこなし、市町村に対し
ては、相談があればできる範囲で対応することが、無用な波風を立て
ないという意味で賢明なやり方である。県が市町村の懐に手を突っ込
むようなことは、少なくとも中途半端な気持ちではやってはいけな
い。ましてや、基礎自治体中心主義が、わが国の地方自治の大原則で
ある。それに違背しては批判を浴びるだけである。

　しかし、県民からすれば県も市町村もない。県と市町村を併せた地
域の課題を解決することをめざすべきである。そのためには、県が市
町村行政に踏み込むことに躊躇してはならない、そのような発想が、
どうやら知事就任の当初から荒井知事にはあったようである。先に紹
介した就任式の挨拶では、自らの経歴を振り返って「30数年間、い
や、国会議員時代をも含めて言えば、40年間、既成概念と慢性疲労に

取り憑かれないようにと思って、闘ってきたような気が致します。成功したかどうかはわかりませんが、とにかく引き続き仮想敵であることは、間違いないと自分では思っております」と述べているのもしかりである。

奈良モデルの取り組みの始まりは、奈良モデル29年報告では、平成20年10月の市長会・町村会の会長、知事等をメンバーとする「県・市町村の役割分担検討協議会」からとなっている。それを衣替えし、推進エンジンとなった奈良県・市町村長サミットは、平成21年4月に始まっている。もっとも、さらにその前段階となる会合があった。筆者の記憶では、平成20年8月、県内の市町村長と県幹部が県央の天川村に集まって「合宿」と称する研修会を企画している。研修では、知事、筆者、当時の高知県安芸市の松本憲治市長（財政再建に積極的に取り組んでいた）の順に講演を行い、その後、町内の天川村の洞川温泉で合宿し、懇親会を実施している。

その講演会の場で、筆者は、正直驚いたのだが、荒井知事は、県は市町村へのサポートを惜しまないが、県内市町村の財政状況が全般的に振るわないことをデータで示したうえで、その改善に努められたいと指摘した。確かに、当時は、平成20年度決算からの自治体財政健全化法の本格適用を目前にした時期であって、奈良県は、平成20年度の全国の実質赤字団体19市町村のうち、実に7団体を占めているという惨状にあった。財政健全化を喚起することを当然とはいえ、あまりにも遠慮のない荒井知事の表現に、筆者は内心でヒヤヒヤした。筆者でさえそうなのだから、やり玉に挙がった市町村とすれば、大きな衝撃を受けたことは想像に難くない。

天川村での合宿の1年も以前から始まっていた市町村行財政改善検討会（このネーミング自体、他県ではあり得ないということであろうが）では、県や市町村の職員が、県と市町村が連携して取り上げるべき課題を20項目ほど挙げて、事務方での検討状況を説明したうえで、

出席している市町村長に発言を求めている。

　市町村長の受け止め方はさまざまである。県が市町村と目線を合わせて課題と向き合おうといってくれることは、まことに力強いといった、率直に歓迎する声も出た。県の政策協調への呼びかけに対して、それはそれと受け流して、代わりに県への要望ごとを述べる市町村長もいた。また、言葉は丁寧ながら、県と市町村が政策的に協調することの是非はともかく、その際の留意事項を蕩々と述べて、賛否についてあえて旗幟鮮明にしない、ある意味で老獪な態度をとる市町村長もいた。

　奈良モデルを検討する体制は、荒井知事就任3年目の平成21年度からサミットの開催というかたちで整っている。しかし、それが本当に進み出す（言い換えれば市町村長が本気になる）のは、2期目からであった。1期目の間は、県の出方を見極めるというのが、市町村長の気持ちの最大公約数であったというのが筆者の印象である。

 # 荒井県政2期目の奈良モデル

　平成23年4月の統一地方選挙で勝利し、荒井県政は2期目を迎えた。292,654票を集めたが、2番手の新人候補は223,519票であって、現職が大差をつけての勝利とはならなかった。その際、2番手の新人候補が挙げた公約が、荒井知事が拒否する関西広域連合への加盟であった。票差はともかく、現職に軍配が上がった。その後、奈良モデルへの取り組みが本格化し、それまで様子見であった市町村長の重い腰が次第に上がり始めた。

　平成23年度の第1回目となる奈良県・市町村長サミットは、5月12日に開催されている。冒頭の知事挨拶では、「今年度の奈良県・市町

村長のサミットの勉強会をこのような形で開催させていただき、また多数ご参加いただきまして、光栄でかつ感謝を申し上げたいと思います。また、新しく参加していただきました五條市長さん、天川村長さん、歓迎をしあいさつを申し上げます。我々の勉強の場として３年間いろいろやってきて改めてこの市町村長サミットの意義ということになりますが、環境として改めて思いますのは、奈良は合併があまり進まなかったがために、やはり市町村で連携をしてもらわなければいけない。勉強をしてもらうときに、県は何かお役に立つ部分があるのではないかというのが発想の原点でございましたので、改めてそのようなことを思っております。といたしますと、連携の仲間に県が入れてもらうということになりますので、県は同等の立場で一緒に勉強するというのが、スタートでございますし、県としてお役に立つ道、あるいは皆様方の連携の道、合併と違う連携の道を探っていただくということを本旨として回を重ねてきたわけでございますが、幾つかの作業部会で、クラウドにしろ、ごみ処理にしろ、これからの水道にしろ、いろんな部分で成果が出る可能性があるものと思っております。そのようなことを楽しみにして、また工夫をこらしながら会を続けさせていただけたらと思う次第でございます。今年度もよろしくお願い申し上げまして、ごあいさつとさせていただきます」と、出席している市町村長への配慮をにじませている。

　その一方で、事務方からさまざまな資料を提示したあとで、市町村長に発言を求めているところは、さながら知事主催の自治体連携の学校のような印象を与える。この時期から、市町村長が座る机の配置を島型に切り替えている。さらに、これよりもあとの時期になると、その配置を活かして、ワークショップ形式での自由討議の時間を設け、その結果を島ごとに市町村長が発表するという形式をとっている。市町村長が大学生に戻ったように、和気藹々と自由に意見を交わす姿は悪いものではない。自治体間の連携は、このような信頼関係のなかで

こそ可能となることを示唆している。

　この平成23年度の第1回に提示された議題は、前年度の市町村行財政改善検討会の作業部会における検討状況報告、「奈良モデル検討会」からの議題、さらに前年度から継続する部会での検討課題として事務方が提供した話題である。具体的には次の内容である。

- 協働型の地域社会づくりに向けた取り組み
- 地域包括支援センターの機能強化
- 記紀・万葉集ゆかり素材等の魅力発信（以上、市町村行財政改善検討会）
- 消費者行政の広域連携（以上、奈良モデル）
- 市町村税の税収強化
- 水道運営の連携
- 史跡等整備活用
- 図書館管理運営の連携
- 国民健康保険と後期高齢者医療制度に関する取り組み
- 安定的な一般廃棄物処理の継続（以上、昨年度からの継続検討課題）

　サミットで事務方からの報告の後、発言を求められた市町村長からは、環境省からの補助金の補助率が引き下げる内示があったことへの不満が率直に述べられ、事務方と知事が、それに対して応答している。このように、市町村行政の細部に対して、知事に向かって直接意見を述べる場があることは、風通しをよくする上で有効である。事務方同士の事務連絡では、どうしても意思疎通が十分とはならない。首長同士のコミュニケーションの大切さは、奈良県・市町村長サミットの現場を見れば一目瞭然である。

　それと同時に、県職員が市町村行政の実態がみえるようになることも重要である。サミットの場で政策課題を報告するために、県職員は、市町村の担当者と作業部会等での検討を重ねている。そこで市町村の実情を聞く機会に恵まれる。対等の立場で検討を重ねるのと、県

から市町村へ一方的に事務連絡をしているのと比べると、そこで得られる情報量は圧倒的に違う。県の担当職員のなかに、実務的な検討を積み重ねなければ、市町村にメリットがあることが明らかであっても、連携・協働が円滑に進まないことを実感する機会も多かったであろう。

奈良県・市町村長サミットは、平成23年度は5回、24年度以降は年6回ペースで継続開催されている。荒井知事2期目の最終年度となる平成26年度の第1回は4月23日に開催されているが、当日の会議次第の「奈良モデル検討会の検討課題報告」では、次のテーマが並んでいる。これらのテーマをみると、奈良モデルがさまざまな行政分野で幅広く展開され、それが定着していることがうかがえる。

①継続検討課題
- 市町村税の税収強化
- 水道運営連携
- 市町村国民健康保険のあり方→健康づくり：健康寿命日本一
- 循環型社会の「奈良モデル」構築
- 市町村管理道路施設補修工事の支援
- 移動ニーズに応じた交通サービス実現
- 市町村公営住宅等の管理の共同化→奈良県住生活ビジョン
- 南和地域における一次救急医療体制の確保→ドクターヘリの導入検討

②新規検討課題
- 土木職員の確保に関する県市町村間連携→新たなパーソネル・マネジメントの構築
- 保健師のネットワーク
- 特別保育等の市町村間連携
- 情報システム共同化
- 市町村と連携したエネルギー政策の推進

5 2期目までの奈良モデルの成果・進行中の取り組み

　平成27年6月に開催された、荒井県政第3期目の第1回のサミットで、第2期目までの奈良モデルの成果を取りまとめた資料が提出されている。説明者は他ならぬ荒井知事である。資料では、これまでの成果について次のように類型化している。

①市町村行政を県が受託─市町村の事務を、県と市町村の合意のもと県が委託を受けて代行。

→道路インフラの長寿命化（これまでに成果のあった取り組み）

②県が市町村財政を助ける─市町村の財政健全化に向け、県が継続的に指導・助言を行うとともに、徴税率の向上に向けたノウハウ・スキルの共有化の支援や人的支援を実施。

→市町村税の徴税強化（現在進行中の取り組み）

③県・市町村連携ファシリティマネジメント─県と市町村、市町村相互の連携により、それぞれが有する施設などの資産を総合的に有効活用する仕組みを検討・実施。

→県域水道ファシリティマネジメント（現在進行中の取り組み）

④市町村間の広域連携を県が促進・支援─市町村間で連携・協働して実施される取り組みに対し、県が事務・財政的支援を行う。

→消防の広域化（これまでに成果のあった取り組み）

→循環型社会の構築（ごみ共同処理）（現在進行中の取り組み）

⑤県と市町村が協働で事業を実施─市町村が実施するまちづくり・医療・福祉等の事業の推進において、県と市町村の連携の仕組みや体制を構築し、県と市町村が協働で事業を実施。

→南和地域の広域医療提供体制（これまでに成果のあった取り組み）

→県と市町村との協定締結によるまちづくり

再生エネルギーで地域振興

　　国民健康保険の一元化

　　市町村子ども・子育て支援事業計画の円滑な推進への支援

　　保健師のネットワークの強化推進

　　市町村公営住宅等の管理の共同化

　　新たなパーソネル・マネジメントの構築

　　地域包括ケアシステムの構築

　　健康長寿日本一に向けての連携（以上、現在進行中の取り組み）

→地域医療ビジョン策定に向けた連携

　　教育行政にかかる市町村連携（以上、これから進めていく取り組み）

⑥新たな連携の形（民間も含めた協働）—市町村間連携、県と市町村
　　の連携の取り組みに民間事業者等も参画し、検討を進める仕組み

→公共交通の確保（現在進行中の取り組み）

　　奈良モデルの取り組みの類型化は、次頁の図表４−１のように表さ
れている。図表４−１は、先の知事のプレゼンテーションから２年
後、総務省の研究会において奈良県の担当者によるものである。知事
の提出資料とは微妙に図の内容が異なっているが、趣旨としては同じ
ものといえるので、参考のために示しておく。

図表4−1 奈良モデルの類型化

V 「奈良モデル」の検討の場の創出（「奈良県・市町村長サミット」の開催）

① 平成21年度から、知事と市町村長全員が参加する「奈良県・市町村長サミット」を定期的に開催（年5回程度開催 これまで47回実施）

② 市町村の共通の課題についてテーマを設定し、資料説明、グループでの意見交換、発表、有識者からの助言、知事総括の順に進行

③ 先進的な取り組みをされている首長や有識者を招き、講演も実施

④ 県からは、テーマごとに分析資料を提示。各市町村の立ち位置と差異を各種客観的指標を用いて説明

市町村間の意思疎通の促進、連携・協働への機運醸成といった効果が生まれた

「奈良県・市町村長サミット」最近の開催実績

		テーマ	主な内容
H27	①6/11	「奈良モデル」検討会	「奈良モデル」今年度の重点取組（まちづくり、医療ビジョン、教育）
	②10/7	女性の活躍促進について	女性が輝く奈良県づくりの課題
	③11/30	「奈良モデル」検討会II	市町村の決算状況、市町村税の徴収強化に向けた連携
	④1/15	・『がんばる市町村応援事業』表彰式・人事評価制度について	・優れた行財政運営に取り組んだ市町村を表彰：表彰事例発表 ・講演「地方創生時代を勝ち抜く人材育成ツールとなる新たな人事評価制度」（一橋大学 辻琢也副学長）
H28	⑤2/25	地域医療構想について	地域医療構想の推進：医療と福祉の連携
	⑥5/23	「奈良モデル」検討会	「奈良モデル」今年度の重点取組（まちづくり、地域福祉、パーソナルマネジメント）
	⑦10/7	医療費・介護費の地域差について	医療費・介護費の地域差分析：地域包括ケアの推進
	⑧11/28	地方創生の取組について	市町村、県の取組事例発表

「奈良県・市町村長サミット」等において、連携・協働することが合意された事業から順次取組を進め、様々な分野で「奈良モデル」が進展

（出所）総務省「広域連携が困難な市町村における補完のあり方に関する研究会（第2回）」（平成28年12月27日）において、奈良県地域振興部次長（当時）山下保典氏が提出した資料「県と市町村の「連携・協働」の取組～「奈良モデル」の推進～」

6 県議会での知事答弁から

(1) 奈良モデルの展開について

　奈良県議会でも、奈良モデルに関する議員からの一般質問は、当然のことながら多い。奈良モデルという表現は、奈良モデル22年報告以降であるので、当然、それ以降でないと使われないが、広域連携などのキーワードを探しても、奈良県における県と市町村との連携に関する質問は、知事就任後の最初の2年間は見当たらず、平成21年は2件だけであり、22年も5件ほどしかない。奈良モデルが取り上げられる回数が増えてくるのは、平成23年の2期目以降である。

　平成23年10月3日の定例会で、奈良モデルの今後の展開について問われ、荒井知事は次のように答弁している。まずは、奈良県では市町村合併が進まず、財政状況の厳しい市町村が多くの職員の削減をせざるを得なかったという現状認識に続いて、次のように述べている。

「(県内市町村の) 職員数の削減などにより市町村の組織体制が弱いものになっているのが現状でございます。このような課題に対しまして県と市町村が一丸となって取り組むという考えが奈良モデルでございます。県には三千人の職員がおりますが、市町村全体では八千人の職員がおられます。このような人材を活用し、また、財源を活用し、連携し、公共施設の融通をきかせて行政資源の有効活用を図るというのが基本的な考え方でございます。」

　県の職員と市町村の職員が一体となれば、必ずや県内の地方自治の課題に十分対応できるはずというのは、荒井知事が奈良モデルを語るときの定番のフレーズである。人口減少と財政難に悩む地域における、「県と市町村の総力戦」(奈良モデル29年報告の副題でもある)というイメージが浮かび上がる表現といえる。

それに続き、前節で述べたように、奈良モデルでは、「県が積極的に関与した市町村間の広域連携」「組織的にも小規模な市町村への県による支援」「県から市町村への権限移譲」（やる気のある市町村に県の事務を任す）の３つの形態を取り、奈良モデル22年報告で取りまとめた73業務について検討を深めてきたと説明し、取り組みの成果について、次のように答弁している。

「これまでの検討の結果、具体的な成果も見えてきた段階でございます。例えば一つ目は、香芝市ほか六市町による住民系システムの共同化というのも事業に乗ってきております。クラウドの利用という新しいものでございます。同じようなことですが、消費生活相談窓口の市町村間連携等を図られるという成果もございました。県がいろいろ助けるという点では、市町村管理の道路・橋りょうの点検や長寿命化計画の策定について、県が仕事を受託して、土木技師が少ない市町村に技術的な支援を実施するということでございます。技術的職員のおられない市町村が県下で十二ぐらいあったかと思います。これからのことでございますが、今年度も六課題の作業部会を設置して具体的な検討を行っております。このうち、水道運営の連携につきましては、県は県営水道、市町村は市町村水道を持っておられますが、県も含めた水平・垂直の連携として、県内全域における広域化に向けた取り組みの検討を進めたいと思っております。」

　職員数が少ないなかでいかに多様な事務処理に対応するかは、行政体制整備の課題の中心である。荒井知事が成果としてあげている、電算システムへの対応、消費者行政などの専門性のある事務への対応、技術系職員が確保できない状況でのインフラの維持点検などの政策課題は、いずれもそれに該当するものである。荒井県政２期目は、そのような奈良モデルのど真ん中ともいうべき分野でみるべき成果を上げたといえる。また、市町村との意思疎通については、次のように述べている。

「市町村からは、県が本気で市町村を助けようとしているといったことについて、信頼がやっと高まってきた面がございます。市町村から要望の強いもの、効果が高いと思われるもの、個別の事業につきまして、県と市町村で詳細な検討を行い、事業実施の方向を探ってきております。」

　信頼が「やっと」高まってきたとは、問わず語りで本音が漏れたというべきであろうか。1期目では、市町村は本音では様子見であったと筆者は受け止めていた。市町村が本気になり始め、歯車が回り始め、市町村が奈良モデルに対する警戒心を緩め、歓迎する流れができたのは第2期からであると筆者はみていた。荒井知事の実感もそうであったのであろう。また、3期目には、奈良モデルを加速させるために県の単独補助金を設けて、市町村への財政支援に乗り出している。それについては、次のように述べている。

「今年度新たな手段といたしまして、新たな事業に取り組む市町村を重点的に支援するために奈良モデル推進補助金を設けることができました。この活用を図って連携を進めていく所存でございます。」

　そこでいわれている奈良モデル推進のための県が単独で実施する市町村補助金は、平成23年度から開始されている。平成31年度現在の「奈良モデル」の推進に関する市町村への財政支援の具体的なメニューは、次のようなものである。

①「奈良モデル」推進補助金（広域連携検討経費に2分の1補助）
　複数市町村等が連携して取り組む検討経費（調査・検討計画策定等）に対して2分の1以内で補助

②「奈良モデル」推進貸付金（広域連携大規模ハード事業に無利子貸付）
　複数市町村等が連携して取り組む大規模ハード事業で、国庫補助金の交付及び地方交付税措置のいずれも対象とならないもの等に対して貸付（無利子、充当率75％、貸付期間15年間（うち1年据置））

③市町村とのまちづくり連携推進事業（基本構想／計画策定、ソフト
事業に2分の1補助、ハード事業に4分の1補助、貸付・譲渡額減
額）
　県とまちづくり連携協定を締結した市町村における、まちづくりの
基本構想・基本計画の策定に対す得る支援（市町村負担額の2分の
1補助）、まちづくりの中心となる拠点施設等のハード整備に係る
支援（市町村負担の公債費のうち地方交付税算入額を差し引いた額
の4分の1補助）、ソフト事業に係る支援（市町村負担額の2分の
1補助）、県有施設・県有地の貸付譲渡に係る支援（補助率の20％
かさ上げ）を実施
④ごみ処理広域化奈良モデル推進事業（ソフト事業に2分の1補助、
ハード事業に4分の1補助）
　複数市町村等が処理範囲を拡大して新たな連携により実施するごみ
処理施設の整備に対して補助（ソフト事業：市町村負担の2分の1
補助、ハード事業：市町村負担の公債費のうち地方交付税算入額を
差し引いた額の4分の1補助）

⑵　奈良県・市町村長サミットを推進力とする手法

　平成24年12月6日の定例会では、県と市町村の政策討議の進め方に
ついての質問に対して、荒井知事は、まず、県と市町村が、対等な立
場で、密接にコミュニケーションを行うことが重要であると指摘した
うえで、そのような場として、奈良県・市町村長サミットを開催して
きたことについて、次のように評価している。
「（サミットにおいて）**市町村連携の方向性や、地域主権戦略大綱へ
の対応など、県域全体にわたる重要な行政課題を取り上げてまいり
ました。また、県外の市長から先進的なまちづくりの事例を紹介し
ていただきました。県外に立派な市長さん、たくさんおられるとい
うことがわかって、これは私も含めて、県下の市町村長に大変感銘**

を、素直に感銘を与えていると申し上げたいと思います。また、一部の市を除きまして、県下の市町村長は、熱心に参加をしていただいておりますのは感謝を申し上げる次第でございます。市町村連携におきまして、県と市町村は対等な関係であることを前提にして、基礎自治体である市町村が優先的に住民サービスを担うことが基本だとされております。特に、市町村合併が進まなかった本県におきましては、個別の事務事業ごとの市町村連携が必要でございます。それを仲介役となって下支えするのが県の役割だと考えております。下支えという考え方がとても大事かと思っております。この考え方に基づきまして、県と市町村の人的支援、財源、公共施設等、県全体として有効活用するための役割分担の仕組みづくりを進めてまいりました。オール奈良の行政サービスの発想でございますが、これはある先生が奈良モデルの取り組みだと言って評価していただいたものでございます。〔中略〕さらに、特定地域の振興を個別具体的に議論をしようと、全体の議論、意見交換の場としてはいいんですが、なかなか言葉を交わす時間が少ないという反省をいたしまして、葛城地域振興懇話会や大和高原（東吉野）地域振興懇話会、また飛鳥・藤原地域振興懇話会なども設けることになりました。懇話会の場では、それぞれの地域にふさわしいテーマ、例えば広域的観光や地域医療、県域水道、コミュニティーバスなどの共通課題について一緒に検討しているところでございます。また、南和地域の市町村との対話の勉強がこのたびの南和広域医療組合の設立につながった事例がございます。今、申し上げましたような考え方に基づきまして、県も学ばしていただきながら、市町村との連携を深めて、県全体の発展に努めていきたいと思っております。」

筆者は、平成27年6月に開催された、荒井県政第3期目の第1回のサミットにゲストとして参加した。筆者が参加した平成20年8月の最初の会合から7年が経過していた。会場は奇しくも同じ天川村であっ

た。知事が取り組みの進行状況を説明した後、ワークショップが行われ、座席の島ごとに数人の市町村長から前向きの発言が披露された。それを受けて、筆者は次のように発言している。

「(立ち上げの会合が同じ) 天川村で数年前にあったことを思い出すのですけれども、そのとき今の半分ぐらいの方がいらっしゃった。最初はやっぱり、多分、"県が市町村をサポートするという話はわかるけれども、またすぐ気が変わって、その気になってからハシゴを外されてえらい目に遭わされるのは俺たちや"みたいな雰囲気が正直あったんですよ。そこからスタートして、やっぱり県は本気やということがだんだん伝わってきて、もう今日なんか市町村の方からいろいろな提案が出てきているというのがうかがわれて、物事が前に進んだという感じがいたします。〔中略〕県内の知事と市町村長がワークショップをやる県ってないですよ。そんな県は絶対ないですね。県と市町村の連携というのはみんな言うんですけれども、それは担当者同士が幾ら会議をやっても、担当者のところで合意したって、市町村長、知事のところに持っていったら、「何を言っとる」、そんなんで全然進まないというのが普通なんです。」

7 荒井県政3期目以降の 奈良モデルの進化(深化)

(1) 奈良モデルの信任

　荒井知事の3期目の選挙を、讀賣新聞（平成27年4月13日大阪本社版朝刊）は、「統一選2015　地方再生願い託す　荒井さん3選『市町村連携　経済強く』」という記事で次のように報じている。

「『市町村との連携をさらに深め、経済を強くしていきたい』。与野党相乗りで奈良県知事選に臨んだ荒井正吾さん（70）は、前生駒市長

の山下真さん（46）ら3新人を破って3選を決め、奈良市内の事務所で国会議員や県内市町村長らと万歳を繰り返した。〔中略〕自民、民主、公明、新党改革から推薦を受け、告示日に駆けつけた自民党の谷垣幹事長は、『荒井さんの（市町村連携の）取り組みは、地方創生の一つのモデルだ』と持ち上げた。後援会には、山下さんが市長だった生駒市を除く県内38市町村長が名を連ね、連日、一緒に街頭に立った。／当選を決めた荒井さんは、『地方が頑張り、国全体が発展するのが『地方創生』のあるべき姿だ。地域医療の充実や産業振興に力を注ぎたい』と述べた。支援してきた植村家忠・高取町長は『県とスクラムを組み、人口減対策などの課題解決にあたりたい』と語った。」

　この記事が示すように、3期目の選挙の争点は、記事では市町村との連携となっているが、事実上、「奈良モデル」という独自路線の是非と、近隣の府県に倣う「関西広域連合」への加入問題であったといえる。有力対抗馬が荒井知事の県政に異を唱える前市長であり、県内の他のすべての市町村長が荒井後援会に名を連ねるという図式で選挙戦が展開された。3期目の選挙が終わったことで、奈良モデルの推進に大きな弾みがつくこととなった。

　3期目の直前、広域連携の協議を進める第31次地方制度調査会（第13回専門小委員会、平成27年1月28日）において、荒井知事は奈良モデルの成果を報告している。そこでも参考事例として一定の評価を受けている。3期目に入った平成29年3月6日の奈良県議会定例会では、関西広域連合への全部加入の是非を問われ、荒井知事は次のように答弁し、その必要性を否定している。

「本県は、従来からそのような幅広い地方行政の効率性向上の観点から、従来からさまざまな分野で種々の機関と連携・協働を進めてまいりました。例えば市町村とともに地域活力の維持・向上、持続可能で効率的な行財政運営を目指す奈良モデルの取り組みにおいて

は、消防の広域化のほか、南和地域の広域医療提供体制の再構築や
ごみ処理広域化の促進等の成果が上がってきております。全国に先
駆けて自治体間の柔軟な連携・協働に取り組んでまいりました奈良
モデルは、現場で知恵を絞った、地域にふさわしい取り組みの実践
例として評価をされ始めております。」

　また、4期目に入った令和元年6月25日の県議会定例会で、同じく
関西広域連合への全部加入の是非を問われた際の知事答弁でも次のよ
うに述べて、全部加入の必要はないとしている。

「（奈良モデルの具体的成果を強調したうえで）全国的にもこのよう
な自治体間の垣根を越えて行政資源を有効活用しようとする試みが
広がってきているところでございます。国でも奈良モデルは行政の
効率化を試行する全国に先駆けた新しい地方自治の取り組みとして
評価されており、これまで地方制度調査会ほか、国の審議会等にお
いて先進事例として取り上げてこられたところでございます。」

　いずれの箇所でも、奈良モデルは、全国に先駆けた自治体間の柔軟
な連携・協働の仕組みであるとして、一定の評価を獲得しつつあると
述べられている。それらの成果のうえに、荒井県政3期目以降、奈良
モデルの新たな展開が進められてきた。

　奈良モデルは、当初、奈良モデル22年報告で候補として挙げた73業
務をベースに、さまざまなアプローチで県と市町村、あるいは市町村
間での連携・協働の可能性を検討し、具体化しそうなものから実施し
ていく手法がとられてきた。そうしたなかで、奈良モデルの発展型と
もいうべき動きが、現場の発想と知事のリーダーシップのなかから生
まれてきた。そうした考え方を取りまとめたのが、奈良モデル29年報
告である。

⑵　奈良モデルの成果

　次々頁からの資料4−1は、奈良モデル29年報告の概要版の一部で

ある。そこでは、奈良モデル開始以降の具体的な成果として、

- 消防の広域化
- 南和地域における広域医療提供体制の再構築
- ごみ処理の広域化
- 道路インフラの長寿命化に向けた支援
- 市町村税の税収強化
- 移動ニーズに応じた交通サービスの実現
- 情報システムの共同化
- パーソネル・マネジメント

を挙げており、「スケールメリットによる経費削減」「行政サービスの向上」「職員の能力向上」などの成果があったと評価している。そのうえで、奈良モデル29年報告は奈良モデルのさらなる進化（深化）のために、県がこれまで行ってきた支援の類型のなかで、財政支援や人的支援、県有資産の有効活用もさることながら、「『シンクタンク機能』『調整機能』の発揮といった検討段階における支援が重要であり、今後、重点化を図っていく」としている。そのうえで、これまでの成果を踏まえ、連携・協働を一層推進する取り組みとして、

①県域水道ファシリティマネジメント

②県と市町村の連携・協働によるまちづくり

③社会保障分野の「奈良モデル」としての医療・介護分野一体の取組

の3つを挙げている。それに加えて、④共同化の推進として、「これまで「奈良モデル」を推進してきた経緯に鑑み、県は、行財政基盤が脆弱な小規模団体において、将来的に行財政運営に支障を来す恐れがある場合や、市町村の自主的な行財政改革が望まれる場合に、行財政運営の効率化に資する、市町村運営の基礎分野において原点に立ち返り、広域連携を提案、調整を行う」とされている。その場合に具体的な取り組みは、「事務・行政サービスの「共同アウトソース」の推進」「専門人材の共同確保」などとされる。

資料4－1　奈良モデル29年報告の概要版（一部）

「奈良モデル」のあり方検討委員会　報告書［概要］

奈良モデル　～人口減少・少子高齢社会に立ち向かう県と市町村との総力戦～

Ⅰ　「奈良モデル」とは何か？　～奈良らしい知恵を生かした連携・協働の形～

○「奈良モデル」の定義　　P.6～

　「市町村合併に代わる奈良県という地域にふさわしい行政のしくみ」であるとともに、人口減少・少子高齢社会を見据えて、「地域の活力の維持・向上や持続可能で効率的な行財政運営をめざす、市町村同士または奈良県と市町村の連携・協働のしくみ」と定義。

➤ 基本的な考え方　　P.6
　・県と市町村は対等な立場に立つ地方公共団体である。
　・県と市町村は、国を含む他の公共団体と私法上の契約を活用し、柔軟に連携・協働できる。
　・県と市町村は、それぞれが有する資源（職員、予算、土地、施設）を県域資源として捉え、県全体で有効活用する。

【図1　県の役割（イメージ）】

➤ 市町村を下支えする県の役割　＜図1＞　　P.7
　・県は、サッカーに例えると、国と市町村の間に立つミッドフィルダー。市町村がゴールを決められるよう、良きボランチとして自ら考え、国からのボール（政策、情報、予算など）をコントロールし、うまくパスする。
　・国とも対等の立場で、国へ積極的に提案・要望する。

➤ 国の取組よりも先駆的だった「奈良モデル」　　P.10
　・奈良県は、市町村が自立する真の地方分権のため、合併に代わり、県と市町村が連携・協働することで持続可能で効率的な行政運営をめざす独自の方向を選択。
　　✓　全国に先駆けた、自治体間の柔軟な連携
　　✓　県と市町村の総力戦で、地域活力の維持向上を図る取組　｝を推進
　　✓　現場の知恵を絞り、地域に相応しい取組

　・人口減少・少子高齢化が全国的な課題となるなか、国においても都道府県の役割が重要視されるなど、「奈良モデル」と同様の考え方が取り入れられてきている。

　　✓　平成26年　5月　　地方自治法改正（「奈良モデル」の発展形とも言える「連携協約」
　　　　　　　　　　　　　　等の導入）（参議院総務委員会に知事が参考人招致）
　　✓　平成27年　1月　　第31次地方制度調査会専門小委員会において、知事が人口減少
　　　　　　　　　　　　　　社会における都道府県の役割について説明
　　✓　平成28年12月　　総務省「広域連携が困難な市町村における補完のあり方に関する
　　　　　　　　　　　　　　研究会」で事例として検討が進められる

➤「奈良県・市町村長サミット」～「奈良モデル」の推進エンジン～　　P.11
　・知事と市町村長が一堂に会し、行政課題について意見交換や勉強会を定期開催（年5～6回）。
　・年々議論が活発になり、知事と市町村長、市町村長間の信頼関係構築に役立つとともに、連携・協働推進のエンジンとなっている。

Ⅱ 「奈良モデル」の実践 ～市町村と共に歩む「奈良モデル」～

主な「奈良モデル」の取組とその成果 P.15～

➤ 県は、財政支援や人的支援のほか、検討段階における課題提起や解決策の提案検討の場の設置等により一貫して支援し、取組を推進。

➤ 取組の結果、
- ・スケールメリットによる経費削減 ⎱
- ・行政サービスの向上 ⎰ などの成果が上がっている。
- ・職員の能力向上

[取組例]
- ・消防の広域化
- ・南和地域における広域医療提供体制の再構築
- ・ごみ処理の広域化
- ・道路インフラの長寿命化に向けた支援
- ・市町村税の税収強化
- ・移動ニーズに応じた交通サービスの実現
- ・情報システムの共同化
- ・パーソネルマネジメント

Ⅲ これからの「奈良モデル」 ～進化(深化)する「奈良モデル」～

1. 県の支援のあり方 P.39～

➤ 「奈良モデル」の取組成果を上げてきた県の支援の類型
- （1）財政支援（補助金、貸付金等）
- （2）人的支援（職員派遣、共同採用）
- （3）県有資産の有効活用による支援（県域ファシリティマネジメント）
- （4）その他の支援（市町村への課題解決策の提案や検討の場づくり）
  - ①「シンクタンク機能」の発揮
  - ②「調整機能」の発揮

➤ 「シンクタンク機能」「調整機能」の発揮といった検討段階における支援が重要であり、今後、重点化を図っていく。

2. 今後、県が一層積極的な役割を果たす取組 P.44～

➤ 「奈良モデル」は、全国的にみても先進的な取組であるとともに、人口減少社会において、地域活力の維持・向上を図り、持続可能な行財政運営に資する取組として、今後の都道府県行政あるいは基礎自治体のあるべき姿への示唆をもたらすものである必要がある。

◆ これまでの成果を踏まえ、連携・協働を一層推進する取組

（1）県域水道ファシリティマネジメント P.44～
- ・県営水道と市町村水道を一体として捉え、水道資源の最適化をめざす。
  - 上水道エリア：県営水道と市町村水道の統合をめざす。
  - 簡易水道エリア：管理や経営に対応できる受け皿組織の設立をめざす。
- ・業務の効率化、人材・技術力の確保に向けた民間活力導入を検討。

（2）県と市町村の連携・協働によるまちづくり P.53〜
- ・ＰＰＰ（公民連携）の手法も取り入れ、ハード整備後の運営管理も視野に持続可能性のあるまちづくりを検討。
- ・成果指標（ＫＰＩ）の設定など、効果検証ができるしくみづくりを検討。

（3）社会保障分野の「奈良モデル」としての医療・介護分野一体の取組 P.60〜
- ・地域医療構想を推進し、医療提供体制の整備を図るとともに、地域包括ケアシステムの構築に向け、県内に広めるモデルや具体的な取組を推進。
- ・医療費の地域差の分析を進め、市町村や医療機関等に医療費適正化に向けた取組を促すとともに、介護費についても分析し、介護給付の適正化を推進。
- ・国民健康保険の県単位化に向けた制度設計を推進。

◆ 今後、連携・協働を推進していく取組

（4）共同化の推進 P.68〜

> これまで「奈良モデル」を推進してきた経緯に鑑み、県は
{ ・行財政基盤が脆弱な小規模団体において、将来的に行財政運営に支障を来す恐れがある場合
・市町村の自主的な行財政改革が望まれる場合
→ 行財政運営の効率化に資する、市町村運営の基礎分野において原点に立ち返り、広域連携を提案、調整を行う。

《具体的な取組》

① 事務・行政サービスの「共同アウトソース」の推進 P.69〜

事務・行政サービス等のアウトソースによる民間との連携・協働は、市町村の財政負担軽減のためにも重要。

| 国への提言 |
- ・共同アウトソースの受け皿として、民間事業者（指定管理者制度・業務委託）、一部事務組合、地方独立行政法人等が考えられる。
- ・地方独立行政法人は、公共性の担保・柔軟な業務運営・専門的な人材の育成等の面でメリットが大きいが、現行制度では受け皿となる業務の範囲が限定的である。また、幼稚園については、アウトソースすることができないため、制度改正が望まれる。

② 専門人材の共同確保 P.74〜

小規模な市町村等において、単独で専門人材を配置できない場合、持続可能で効率的な行政サービスを執行するために、県域パーソネルマネジメントの観点から、市町村間連携または県と共同で人材を確保・育成。

［取組例］　・保健師の共同確保
　　　　　　・スイスの森林環境管理制度を手本とした取組

③ ①かつ②双方に対応するための取組の推進 P.76

［取組例］　・自治体クラウドの推進

○ 「ＰＰＰ」から「ＰＰＰＰ」へ P.77

これからの「奈良モデル」の推進においては、ＰＰＰＰ［県（Public）と市町村(Public)に民間の活力（Private)を加えた連携・協働（Partnership）の形］による取組を念頭に展開。

（出所）『「奈良モデル」のあり方検討委員会報告書　概要版』（平成29年３月）

また、奈良モデル29年報告の「おわりに」の部分では、奈良モデルは、民間とのパートナーシップを重視するPPPが展開される今日にあって、「（奈良県では独自路線として）これまで県と市町村間の連携を主眼に取組を進めてきた側面もあり、いわばPPPとは対極的な取組とも言えるものであった。しかしながら、今後「奈良モデル」の効果を一層上げていくには、PPPの推進も念頭に、県（Public）と市町村（Public）に民間の活力（Private）を加えた連携・協働（Partnership）の形、いわば「パブリック・パブリック・プライベート・パートナーシップ（PPPP）」により、取組を展開していくことも期待される」として、PPPの考え方を奈良モデルに取り込む必要性を強調している。

　このように、奈良モデルは、荒井県政3期目以降、さらに踏み込んだ展開をみせている。小規模町村の支援を県が行うことに対して、市町村の県への依存心を高める弊害があるのではないのかという批判がある。それに対して、荒井知事も、市町村は財源面で助けてほしいと言われることが多く依存心が強いことに警戒感を隠さない。そこで、「自立心のないところは助けない、会議でも『頑張るところしか助けない』と言っている」（『日経グローカル』2010年6月21日号の荒井知事へのインタビュー「自治体維新　首長インタビュー」）と厳しい姿勢で市町村に対応している。

まちづくりの分野での奈良モデル

　奈良モデルの進化の例はさまざまあるが、第5章以下で、順次取り上げていくので、以下では、まちづくりの例を紹介する。平成30年2月25日に天理市で開催された奈良県が主催する「地域フォーラム」（平成29年度第6回）において、奈良モデルをテーマに知事が行った

講演の資料では、まちづくりでの奈良モデルの考え方は次のように整理されている（その内容は、基本的に、奈良モデル29年報告に沿ったものである）。

　まず、まちづくりの課題とは、

＊住宅地が30年以上経過し、住民も高齢化し、リニューアルが必要（ニュータウンのオールドタウン化）。

＊奈良県は、鉄道駅周辺の開発に手つかずのところが多い。

＊県、市町村の公有施設の老朽化が進み、リニューアル、利用形式の見直しが必要。

の3点であるとする。そうした課題に対して、県と市町村で連携・協働した取り組みが必要であると認識する。具体的には、「まちづくりに前向きでアイデアや熱意のある市町村において、その方針が県の方針と合致するプロジェクトについて、県と市町村で連携協定を締結し、協働でプロジェクトを実施」するというものである。

　連携協働のまちづくりのプロセスは、次の3点であり、プランを作成し、役割分担を定めたうえで、県は市町村に財政支援を行う。財政支援の原則は、国庫支出金と地方交付税による財政支援を最大限活用することを前提に、その残差となる市町村の実質的財政負担の部分に、県単独の補助金等を支出するというものである。

＊連携協働のまちづくりの地区を決め、単一、合同のまちづくりプランを作成する。

＊当該地での県事業、市町村事業、合同事業を確定し、役割分担を決める。

＊県は、市町村事業へ技術支援・財政支援（まちづくりの中心となる拠点施設等のハード整備に係る市町村負担の公債費のうち地方交付税算入額を差し引いた額の4分の1補助、ソフト事業に係る市町村負担額の2分の1補助、県有施設・県有地の貸付譲渡減額20％加算）を行う。

図表4－2　まちづくり連携協定の進め方

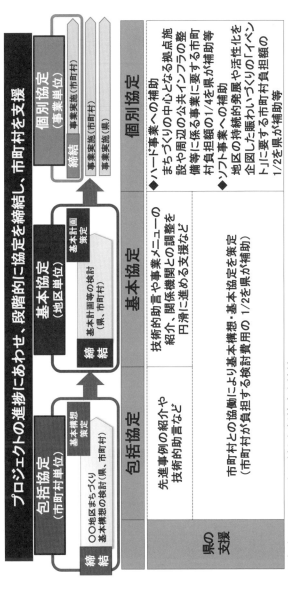

これまでに、23の市町村と包括協定を締結

天理市(H26.10.17)、大和郡山市(H26.11.19)、桜井市(H26.12.22)、奈良市(H27.1.23)、五條市(H27.2.20)、橿原市(H27.3.20)、大和高田市(H27.7.6)、高取町(H27.7.31)、御所市(H27.8.4)、三宅町(H27.9.17)、明日香村(H27.10.15)、宇陀市(H27.12.25)、大淀町(H28.2.22)、川西町(H28.8.2)、王寺町(H28.8.18)、御杖村(H28.9.2)、川上村(H29.2.16)、広陵町(H29.2.27)、東吉野村(H29.3.14)、十津川村(H29.3.16)、田原本町(H29.5.29)、上北山村(H29.9.28)、吉野町(H29.10.11)

（出所）奈良県平成29年度第6回「地域フォーラム」（平成30年2月25日）の荒井知事の講演資料

まちづくりを連携・協働で行う効果としては、「一体的に検討することにより、県・市町村職員に共通認識が発生し、それぞれのまちづくり能力が向上する」「県、市町村の施設、土地が有効に利用できる」「地元関係者の意見を合同でくみ上げることができる」という3点であるとされている。

　土地利用は、県と市町村の双方に利害もあり、また政策執行の責任があることから、県と市町村の連携・協働が望ましいことはいうまでもない。まちづくりで連携することが市町村にメリットがある一方で、県のメリットとしても、奈良モデル29年報告は「県においても、市町村が主催するまちづくり検討協議会等に県職員も参加することによって現場感覚が磨かれ、県職員のまちづくりの資質向上に効果がある」と述べている。県職員が市町村行政に関わることで現場感覚が磨かれるという視点はきわめて重要である。まちづくり協定は、図表4－2で示したように、包括協定（市町村単位）→基本協定（地区単位）→個別協定（事業単位）と段階を踏んで結ばれることとなり、それぞれの段階で県による支援策を設けている。図表4－2の下部で示されているように、平成26年10月の天理市を皮切りに、29年10月の吉野町まで23の包括協定が結ばれている。

9　地域医療構想への評価

　奈良モデルの進化の代表例の一つに社会保障分野がある。そこでは、医療資源の確保を図りながら、医療費の抑制を行い、公的医療保険の健全な運営などを行うなどの視点がある。消費税率の引き上げを財源として、社会保障改革が行われてきたが、そこにおける介護・医療の改革を、奈良県では奈良モデルのなかで取り込んで実施しようと

してきた。

　厚生労働省は、社会保障改革における医療の改革の一環として地域医療構想を進行している。そこでは、都道府県が主となって、医療ニーズに応じた民間・公立を通じた病院の病床数の再編を行うとされている。しかし、容易には進まない。そこで、地域医療構想の実現に向けて、一層の働きかけを行う趣旨から、令和元年9月26日に開催された「第24回　地域医療構想に関するワーキンググループ」の作業結果として、統合再編の対象となるべく公立・公的医療機関等の実名を公表した。そこでは、424の公立・公的医療機関等で「統合・再編」が必要とのショッキングな結果となった（後にデータの誤りがあったとして、7施設が除外され、新たに約20施設が追加された、また地域医療構想自体が、その後、新型コロナウイルス感染症拡大によって方向性の修正が迫られている）。

　公表した趣旨は、あくまで地域医療構想実現に向けての議論喚起をめざしたものだが、当然、俎上に載せられた病院や、それが所在している県や市町村からは、大きな反発を招くこととなった。地域の実情を踏まえない、一方的な見方であるなどのコメントが発表された。

　そのなかで、奈良県でも該当する病院があったにもかかわらず、荒井知事はむしろ歓迎の姿勢を示した。そのような知事はほかにはいなかった。その背景には、奈良モデルとして、奈良県でも同様の取り組みを進めていることがあった。荒井知事は、病院名が公表された後の令和元年10月9日の定例会見で、記者からのその評価を問う質問に対して、次のように述べている。

　「今回の厚労省医政局の病院名明示を含めた公表は、エビデンスの明示として私は高く評価します。とりわけ類似近接の病院機能について、機能の転換ですね、機能の分化・集約、その結果ダウンサイズもあります。それから他病院との連携の議論を促そうとしておられるというように受けとめています。「エビデンスとして活用してく

ださい」というメッセージだと受けとめています。だから明示が悪いとは思っていません。明示をしないと世の中動かないと思います。地域医療構想実現のために、知事が地域医療構想を推進するということは法律上明記されましたので、奈良県は、どのように実現するか、先ほど公的病院、民的病院がある中で、エビデンスとナッジを使って地域医療構想調整会議で繰り返し議論をして、議論を促していこうと思って努力をしてきております。この厚労省の発表も、エビデンスとして利用していきたいと思います。〔中略〕機能分化というのは、効率のいい医療、機能分化は必然だと思いますので、そういう事情にあるということを明示されると、具体的な病院名を使って明示されるというのは正しいやり方だと私は思っています。ほかの知事とはちょっと違う点です。」

　それに対して、記者からは、厚生労働省が考えるように、県として、再編・統合に向けて対象病院と協議をするつもりかという質問がされ、次のように回答している。

「今まで奈良県で再編・統合のモデルと言われているのが、南和の病院のモデルなんですよね。ああいうことを各地でまねしろと厚労省が言ってるわけですけど、なかなかできないんですよね。公的病院の、統廃合という激しい言葉を使っていますけども、機能分化もなかなかできない。それはなぜかという私なりに分析すると、お医者さんが、俺はここでこのような医療をしたいんだという、ある公的病院に座ると動かないですね。違うところへ行ってくれとなかなかできない。だから病床の削減でなしに医師の配置ということになる。医師の配置というのは権限は何もないから、公的な病院でも、県立病院でも、市立病院でも、医師の配置でオーナーシップの権限が何もないから、だからナッジで、向こうに行ってしませんかということを説得するしかないのが実情です。それを背景に各知事や首長が反発されてると私は思います。お医者さんの説得は難しいから

ねとおっしゃっているんじゃないかなと思います。」

　その後も記者とのやりとりがされ、民間病院も含めて病院の再編を県が進めることが容易ではないが、それはやっていかなければならないと、荒井知事は回答している。さらに、改革を進める際の手法についても次のように述べている。

「何ができるかは別にして、県立病院の総合医療センターの意識改革で効果があったのは、見える化ですね。病院の中の動向を見える化して、どういう経営状況か、どういう働き方状況かということをできる限り見える化してきています。これが大きい、病院の経営改革に大きな効果があったと思います。だから県立系、市立系もステークホルダーの、割と強力なステークホルダーの首長はね、見える化をしてその事情を、エビデンスを、厚労省のエビデンスが全てじゃないから、足元のエビデンスを出して、それを吟味して、これはどういうわけかというのを足元に聞くのが第一だと私は思います。それを聞かないで厚労省に文句言うのはおかしいと私は思います。そういうことをしている首長ってあまりいないんじゃないかと思います。自分のステークホルダー、病院のエビデンスを見て、どうしてこうなってるのということをエビデンスで追及している首長はあまりいないんじゃないかな。そうしないと改革できないですよ。そのきっかけになればというように、医政局の病院名明示を評価しています。」

　奈良モデルの推進にあたり、市町村と連携・協働を行う場合に、奈良県が心がけてきたことは、政策課に関する客観的なデータを示して、感情論を排除して協議のベースを作るようにすることがある。また、市町村間の比較データを公表して、市町村の自助努力を促すということもされている。地域医療構想の推進にあたっての病院名の公表について、荒井知事が他の知事とは異なり理解を示したのも、同じ趣旨からといえる。

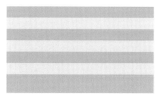

第5章

道州制と関西広域連合への異論

2期目の選挙の焦点は
関西広域連合への加入問題

(1) 関西広域連合の設立

　関西広域連合は、平成22年12月1日に設立されている。荒井県政1期目のことである。関西広域連合のホームページで、設立の経緯を示した欄には「関西では、これまで各都市、地域が知恵と個性を競い合い、常に官民の広域連携に先駆的に取り組んできました。関西国際空港、関西文化学術研究都市、大阪湾ベイエリア開発など、大型のナショナルプロジェクトや広域的な地域開発について、府県を越えた推進体制で多くの成果をあげてきました。今後、時代状況の変化に伴い、さらに関西を住民や企業にとって魅力ある地域として発展させるためには、地方の自立と自己責任を確立する地方分権体制へと、この国を変えていかなければなりません。関西としては、こうした検討を中央に任せるのではなく、関西の特色を活かせるような地方分権のあり方を自ら検討しようと、「関西広域連合」設立に関する検討に取り組んできました」などと説明されている。

　関西の地盤沈下に対応するための行政体制の見直しは、経済界を中心に長く検討されてきたことであり、折からの地方分権の流れのなかで、関西として何かかたちになるものがほしいという雰囲気のなかでできた、全国的にも例のない、県と政令指定都市の広域連合となった。

　この関西広域連合に、奈良県は当初から参加しなかった。準備段階に当たる会合には構成メンバーに名を連ねていたものの、設立の段階でメンバーから抜けている。当時、大阪府知事は橋下徹氏であった。橋下知事のほか、全国の知事のなかには道州制への移行にも意欲を示す者も多かった。そうした立場からすると、関西広域連合は道州制に

至る通過点となる。その一方で、府県の合併（プラス国の出先機関等の統合）を意味する道州制には明確に反対であり、広域的課題を解決する手段を道州制以外に求めるために、広域連合というかたちが必要という主張もあった。その代表格が、関西広域連合の連合長（第1期）を務めた井戸敏三兵庫県知事（当時）であった。設立メンバーには、山田啓二京都府知事（当時）もいたが、全国知事会長でもあったことから、道州制については必ずしも旗幟鮮明でなかったものの、京都府として検討を続けている状況であった。

　このように、関西広域連合に加入する首長のなかで、道州制については同床異夢を否定できない状況であったが、「地方分権の受け皿づくりの関西広域連合は必要」という認識では一致していた。そのような状況で、荒井知事になってからの奈良県は、大阪府や京都府と隣接しながら、関西広域連合への加入を強く拒み、奈良モデルというまったく別のかたちで行政体制整備に踏み出そうとしていた。いわば、あえて角が立つ姿勢を示したのである。

(2)　知事選での信任

　そうしたなかで、平成23年の統一地方選挙を迎えた。当初、奈良県知事選挙は、現職対野党系候補の一対一の闘いとみられていたが、新人候補が急浮上したことで一転して三つ巴の激しい選挙となった。関西広域連合への加入問題が、選挙戦の焦点として浮上したからである。

　このときの奈良県知事選挙を、讀賣新聞大阪本社版の記事（平成23年4月7日朝刊、三つ巴奈良知事選「関西広域連合」参加論争が過熱）は次のように報じている。

「10日に投開票を迎える奈良県知事選は、奈良が近畿で唯一、不参加の「関西広域連合」への対応が大きな争点だ。ともに加入に否定的な共産推薦の新人、北野重一（73）と、現職の荒井正吾（66）の一騎打ちとみられていた選挙戦は、参加を訴える県医師会長で新人の

塩見俊次（61）が急きょ参戦したことで、一気に過熱している。〔中略〕「県民の判断を関西中が注目している」。平日午後6時、奈良市の近鉄奈良駅前。塩見が声を上げると、仕事帰りの通勤客の1人が「入らなあかんよな。奈良が置いていかれる」と応じて握手を求めた。広域連合の旗振り役の一人、大阪府知事・橋下徹とのツーショット写真を盛り込んだチラシを受け取る市民も多い。塩見が出馬を表明したのは告示2日前。東日本大震災がきっかけだった。県医師会長として宮城県入りし、がれきの町を見て「医療政策も防災対策も広域行政でないと実現できない」と感じたという。告示後には、面識がなかった橋下と面会、支援を取り付けた。〔中略〕不参加の立場を貫いてきた荒井は当初、この問題にあえて触れていなかった。だが、告示後4日目で方針を転換した。「触れたくなかったが、争点となった以上、避けて通れない」と陣営の1人は話す。3月27日、県東部の曽爾（そに）村で開かれた演説会で、荒井は支持者を前に「県では毎年100人以上の人員を削減しており、関西広域連合に人を割く余裕はない。屋上屋を架すようなものだ」と自論の正当性を主張。同村に隣接する宇陀市での演説会でも、「広域連合の組織は京阪神が中心。県東部のような山間部の振興に目が届くわけがない」と訴えた。」

　このように、事実上、関西広域連合への加入問題をめぐっての選挙戦となった。結果は、7万票近くの差をつけて現職の荒井知事が再選を果たしたが、それだけ接戦となったことは、県民は関西広域連合に加入しなくて大丈夫なのかという懸念を抱いていたからともいえる。

2 関西広域連合に加入しない ことをめぐる県議会答弁

　奈良県議会でも関西広域連合加入の是非については質問が相次いだ。設立時に加入を見送ったときと、荒井知事の1期目の終わりの時期に、特に多くの質問が県議会でなされている。それに対する知事の答弁は、最初からほとんどブレがない。

　平成20年9月29日の定例会では、関西広域連合には、県と関西広域連合との間の事務区分が難しいことと、別の組織を設けることに伴う組織上あるいは財政的な負担の2つの点で懸念があるとして、次のように答弁している。

「関西広域連合という制度は、最近、関西の知事会でも議論されております。関西広域連合という制度には、組織面と業務面の二つの課題があるように思っております。組織面の課題に関していえば、広域連合という組織は、法を制定する権限を持つ新たな地方自治体であるわけでございまして、単に業務を共同して行う広域連携という従来のやり方とは全く別のものでございます。法的な権限が二重にならないよう、広域連合に移された業務に関する権限は、府県に残さないのが原則でございます。しかし、府県は広い意味で地域住民に対していろんな安全・安心を具体的に保障するという責務を負っておりますので、広域連合との間で権限の分掌、分配を行ったにしても、調整は不可欠でございます。このため、意思決定の遅滞や煩雑化、業務の非効率化を招く懸念があると思っております。また、新たな組織をつくることで、余計な経費が必要となるとか、屋上屋を架すのではないかという批判もございます。それは絶対に避けなければ県民の方々に納得していただけない考え方だと思っております。〔中略〕関西広域連合が将来的な目標としている、国の地方支

分部局の業務の受け皿のために、関西広域連合という組織を設置することは、事務の内容や財源がどうなるのかが全く不透明な現状にあっては、大いに懸念のあるところでございます。」

さらに、平成21年9月29日の県議会では、関西広域連合に加入しなければ、奈良県が関西において埋没することになりかねないという懸念に対して、次のように答弁している。そこでは、加入する方がむしろ埋没するということを、荒井流の表現で投げ返しているようなところがある。

「議員がお述べのとおり、奈良が埋没するのではという懸念は、当然あるものと考えております。明治時代の例で恐縮ですが、かつて明治九年、奈良県が堺県と合併し、さらに明治十四年、大阪府と合併したことがございました。その際、明治十八年に大変な災害が起こりましたが、その復旧予算が奈良地域にほとんど配分されなかったことから、合併解消の運動が起こり、明治二十年に奈良県が再設置されたという歴史も思い出されます。奈良県としては、県勢発展のため、県の立場、状況を十分踏まえて、オリジナルな戦略を進めていきたいと思います。関西広域連合の設立による成果がよく見えない、また懸念も予想される現時点では、設立当初からの参加は難しいと考えております。今後、同連合が設立された場合には、具体的事例や成果を見て、議会でのご議論を踏まえて、その時点で慎重に参加するか否かの判断をしたいと思っております。」

関西広域連合の加入団体の知事・市長が、関西広域連合について同床異夢であることについては、次の2つの答弁のなかで述べられている。そのような状態では、加入はためらわざるを得ないということであろう。

平成22年9月22日定例会での知事答弁
「参加される大都市の知事さんの同床異夢じゃないかという感想を持ってと、ストレートに言いにくいことでございますが、感じると

ころは、それぞれの京都府、大阪府、兵庫県も、大きな政令指定都市を抱えておられて、それとの関係をいろいろ知事さんは考えておられるのかな、それが同床異夢とも言えるような考え方に反映しているかなという感じがすることはしばしばございます。近畿ブロック知事会で何度も本質にかかわる議論、突っ込んでいたしましたが、各知事さんの本当の真意といいますか、この関西広域連合が必要だと、どういうふうに思っておられるのかというのが、私のちょっと鈍感なところで、キャッチできなかった。キャッチできない以上は、奈良県民の利益になるかならないかわからない限りは、形だけで飛び込むのは大変おかしいんじゃないかと、そのような考えがまだしているところでございます。ちょっと言い足りない感想でございますが、お許し願いたいと思います。」

平成23年3月1日定例会での知事答弁

「私は、橋下知事が出てこられる前に、井戸知事も含めて近畿ブロック知事会でこの問題を議論しておりました。井戸知事は、道州制はだめだけれども、関西広域連合はいいんだということを言っておられました。橋下知事は、道州制を進めるための一歩だ。これは関西広域連合の中でまだ収拾がついておりません。どっちですか、どっちがいいんですかということは、議論しても分かれたままですので、外にあまり言わないでおこうというのが近畿ブロック知事会の雰囲気でございます。」

　さらに、関西広域連合に加入していなければ、いざ、広域的な課題が浮上したときに十分に対応できなくなる事態に陥る懸念があるので、加入することで一種の保険をかけるべきいった趣旨の質問に対しては、次のように答弁している。

平成22年12月7日定例会での知事答弁

「参加しなくても大丈夫かというご質問ですが、奈良県としてはこれまでどおり、他府県との広域連携によりさまざまな業務に積極的に

取り組んでいくことで大丈夫だと考えています。例えば、大規模災害発生時の相互応援や合同防災訓練の実施、ドクターヘリの共同運航、広域観光対策など、従来から府県間の協定や協議会の方法により連携、実施をしてきました。なお、観光の振興対策につきましては、観光地はそれぞれが競争相手でありまして、奈良のように独自の味わいのある観光地については独自の観光振興対策を中心に行っていくほうがよいと現在では思っております。今後、関西広域連合ができることによって、枠組みが変わる業務や、新たに連携が必要な業務が出てきた場合には、関西広域連合を通じた連携などの手法で対応したいと思います。関西広域連合においても、参加していない自治体との連携を想定し、規約にも明記されておりますし、知事様たちにも直に確認をしております。参加しないということが県民の皆様のデメリットになることはないと判断できましたので、設立時の参加は見合わせることにいたしました。関西広域連合ならではの成果を上げる事例がたくさん出てきて、経費との見合いで参加のメリットが見えてきた場合には、その状況を見きわめ、議会での議論を踏まえた上で、参加すべきかどうか、慎重に判断したいと考えています。」

　ここでも荒井知事は、関西広域連合に加入しなくても問題はないと明確に回答している。しかし、その直後の知事選挙では、まさにその点が焦点となったことは前節に述べたとおりである。

3 関西広域連合への部分参加

　荒井知事は、平成27年3月6日の記者会見で、関西広域連合に部分参加することを表明した。まさに3期目の知事選挙を目前としていた時期であった。知事選挙後の6月の定例会で、その理由などについて、次のように説明している。

　平成27年6月25日定例会での知事答弁

「関西広域連合にこれまで参加いたしませんでしたのは、議員もお述べになられましたように、関西広域連合が近畿地方整備局など、国の出先機関の受け皿になるということに対する懸念が最大の理由でございました。明治十八年の大和川の大水害の際、大阪府の一部でありました奈良県の復旧事業に、復旧予算がほとんど配分されなかったという苦い経緯がございますが、予算の配分を国にではなく地方公共団体でございます関西広域連合が行うことになれば、明治の大水害と同じようなことになるのではないかという懸念がございました。国の方が公正に予算配分をされるという見方でございます。その後、全国市長会や全国町村会も奈良県と同じ懸念で、広域連合の法制化に猛反対をされたことでございます。その結果、広域連合に国出先機関を移管する法律案は、閣議決定はされたものの、国会に上程されず、事実上、国出先機関の移管は困難となって現在に至っております。現状では、本県が関西広域連合へ参加を見合わせた最大の懸念がほぼなくなったと思っております。関西広域連合の現在の活動は、結果的に連携・協働が中心になっている状況でございます。このように、関西広域連合の活動の中心が変質したことから、今回、関西広域連合への部分参加を判断したところでございます。」

平成21年から３年あまり続いた民主党政権では、地方分権（「地域主権」という言葉を使っていた）改革のあり方として、前政権との違いを意識してか、地方支分部局のあり方が遡上にあがった。仮に、自民党が主張していた道州制ではなく、民主党流の「地方支分部局の原則廃止、地方への丸ごと移管」が進むとすれば、関西では関西広域連合という受け皿が整っているので、関西で優先的にそれをしてほしいという意見を、大阪府などは強く主張していた。しかし、平成27年頃になると、自公政権に戻り、自民党もかつてほど道州制を強く主張することがなくなった。関西広域連合の受け皿論は、その結果、自然消滅したというのである。知事答弁はさらに続く。

「一方、本県は、従来からさまざまな分野で種々の機関と連携・協働を進めてきたところでございます。ふるさと知事ネットワークによる他県との連携や、奈良モデルによる県と市町村の連携などを進めており、連携・協働は重要と考えてきております。関西広域連合との連携・協働もこのような本県の連携・協働による行政効率化の取り組みの一つと考えております。また、連携・協働は、本県にとって効果がある場合に行うものでありまして、本県にとって効果がない分野につきましては、連携・協働する必要がないということが基本になります。関西広域連合とは、これまでから、広域防災と広域観光・文化振興の分野についてその効果が高いと判断し、連携・協働を既に進めてきております。関西広域連合に対する懸念がほぼなくなった今、この二分野について正式に関西広域連合へ部分参加し、災害時の広域応援体制の強化や本県への誘客促進などの効果をさらに高めていくことができるものと判断いたしました。」

　その一方で、メリットが薄い分野では参加は見送るとして、例えば、広域医療の分野でのドクターヘリの連携では、三重県との連携を深める必要があること、広域産業振興の分野については、関西広域連合のなかで取り組めば、奈良県は埋没する懸念があることを理由とし

て示したほか、特段に連携の必要性がない分野も多いなどとして部分参加にとどめると説明している。さらに、リニア中央新幹線の駅を奈良県に設けることへの働きかけについても、次のような効用があるとしている。

「関西広域連合へ部分参加いたしますと、構成団体の首長による合議機関である広域連合委員会へも参画することになります。この委員会は、関西広域連合の施策に係る重要事項に関する協議が行われる場でございます。全委員の合意により、また、全議員の合意があった場合に関西広域連合としての意思決定が行われることになっております。これまでは、リニア中央新幹線の新しい設置、国の方針と違う駅の設置、また、国の出先機関の移管の協議などがこの委員会で行われてきた経緯がありますが、本県が参加することにより、本県の考え方と異なる意思決定がこの広域連合委員会の場で行われることはなくなるものと考えております。」

このように、関西広域連合への部分参加についても、利害を見極めたうえで慎重に行う姿勢を示している。関西のなかで、奈良県は残念ながら小県である。小県には小県なりの立ち回り方があるというところであろうか。小県ゆえに埋没する懸念は常にある反面、メリットのあるところだけの部分参加という自己主張も、小県だから理解されるともいえる。資料5－1は、関西広域連合への部分参加を正式に表明した際の県の説明資料である。参加は、平成27年12月に認められている。

その後、奈良県議会では、なぜ全部参加しないのかという質問がされているが、それに対する知事答弁は、部分参加すると表明した際と同じ内容である。平成29年3月6日の定例会での知事答弁では、さらに、「もとより関西広域連合は、国出先機関の事務・権限の受け皿を目指して設立されたという当初の経緯がございます。また、構成府県市それぞれの立場で考え方の相当異なる部分があることもわかってま

資料5－1　関西広域連合への部分参加に踏み切った理由を説明した資料

関西広域連合への部分参加について

【関西広域連合発足時の奈良県の懸念】

・関西広域連合発足当初の主たる目的は、国出先機関（例えば近畿地方整備局）の受け皿になるというもの
・国出先機関が連合に丸ごと移管されると、国の予算を連合で判断し配分することになり、奈良県にとって非常に不利な配分となることを懸念

⇒この懸念から、設立当初からの参加を見合わせた
参加は見合わせたが、防災、観光、スポーツなどの分野では連携・協働を進めてきた

【関西広域連合の現状】

・全国市長会や全国町村会の反対もあり、広域連合に国出先機関を移管する法律案は、閣議決定されたものの国会には上程されず、国出先機関の丸ごと移管という事実は困難となり、連合発足時の懸念はほとんどなくなった

⇒関西広域連合は、連携・協働の事業を中心に活動

【設立】平成22年12月

構成団体：滋賀県、京都府、大阪府、兵庫県、和歌山県、鳥取県、徳島県（7府県）京都市、大阪市、堺市、神戸市　4政令市

連合事務：①広域防災　②広域観光・文化振興　③広域産業振興　④広域医療　⑤広域環境保全　⑥資格試験・免許等、⑦広域職員研修　（7分野）

予算：平成27年度　1,860百万円

組織：

広域連合議会（議員定数36人　各構成団体から選出）
広域連合委員会（構成団体の首長で構成する合議制機関）
事務局本部
分野別事務局（各分野の担当府県に設置）
※「広域観光・文化振興」にスポーツ振興の項目が追加される予定

【部分参加の内容】

◇設立当初の懸念がほとんどなくなり、関西広域連合の活動は「連携・協働」が中心となっていることから、部分参加を判断

◇参加分野　「広域防災」
「広域観光・文化振興（スポーツ振興※）」

・この2分野は、従来より広域連合と連携・協働を進めてきたことに加え、部分参加することの効果が大きいと判断

（部分参加の効果）・災害時の広域応援体制強化
・誘客増加　など

・その他の分野は、現状では、広域連合との連携・協働に、大きな効果は見込めないこと、参加しない（本県独自の取組や他府県との個別の連携で十分対応できている）

【今後の流れ】

①関西広域連合規約の改正依頼（知事→関西広域連合長）
②関西広域連合委員会で規約改正案を確認
③構成府県・政令市の各議会で改正案を議決（奈良県議会：負担金の補正予算案も提案）
④総務大臣に規約改正の許可申請（関西広域連合長→総務大臣）
⑤総務大臣許可　⇒奈良県の部分参加（参加時期は年内の予定）

◇関西広域連合への負担金　概ね2500万円程度
◇関西広域連合議会の議席配分　3名の予定

(出所)　奈良県ホームページ（http://www.pref.nara.jp/secure/141592/bubunsanka.pdf、令和4年3月6日現在）

いりました。本県といたしましては、部分加入により一線を画すことが適当だと思っております。関西は多様性があるということを前提に連携・協働を主にする行政協働活動が望ましいと思います。一方、部分加入でございましても、関西広域連合の基本的な意見の取りまとめに当たりましては、奈良県の意向が十分反映されるということもわかってまいりましたので、現在の関係のままが望ましいと考えております」としている。すなわち、部分参加していれば、基本的な意見を取りまとめるときに、奈良県の意見を反映する機会があると主張している。

4 道州制には反対する

　荒井知事には、知事就任以来、道州制には一貫して反対であり、懸念を表明している。平成19年12月7日の定例会では、道州制について自らの評価として「道州制は、結果的に道州が国の現在の出先機関の変形したものとなって、地方分権に逆行するおそれがあるということもございます。それから、住民と自治体の距離が広がって、住民自治の理念に反する可能性があると思います。極端に言えば、十津川の行政がどこか道州制の中心のところで議論されるというのは、いかにもかけ離れた行政と住民というふうにイメージがされるわけでございます。それから、経費節減の観点から道州制導入を主張される論者が多いわけでございますが、新しい組織をつくるということになりますと、その議会も必要でございますし、経費削減についての実効性が疑わしく、逆に屋上屋を重ねる結果になりそうな懸念もございます。さらに、道州といった組織をつくるだけでは物事が解決しないのが通常で、どのような活動をするかという基本的な部分が、埋める必要がご

ざいます。幾つか懸念材料を並べましたが、私自身は、現在の道州制の議論には極めて懐疑的な感じを持っております」と、明確に否定している。グルーバル化への対応のため、地域が連携する必要はあるものの、関西広域連合のような入退出の自由が認められている組織であっても屋上屋と批判するものであるので、道州制として自らの主権を手放して埋没しかねないものに賛成しないのは当然といえる。

　さらに、奈良県では基礎自治体が小規模である。それだけに道州制には余計にリスクが大きいともいえる。平成20年7月3日の定例会での知事答弁では、「基礎的自治体の規模、能力、市町村の能力、規模に大きな差があるため、小さな村と道州の考え、大都市と道州の関係は法律上同じでも実際上異なるものとせざるを得ないと思います。大阪市と道州、十津川村と道州、法律上は同じでも実際上は大いに違う実情があろうかと思います」と述べている。奈良モデルは、県が中間団体として基礎自治体を支えるという思想に基づいている。そのような思考を持った県知事が、道州制に興味を示さないのは当然のことであろう。

第6章

原点としての道路インフラの
長寿命化と市町村税の税収強化

職員不足がもたらす弊害の典型として

(1) 技術職員不足への対応

　奈良モデルの具体例の原点ともいえるものを挙げるとすれば、道路インフラの長寿命化と地方税収強化といえる。これまでで述べたように、市町村合併で解決しようとした課題は、財政健全化ではなく行政体制整備である。すなわち、所掌事務に対して、職員が少なすぎて十分な対応ができないことである。市町村合併の必要性を説明するために、体制の不備の現実をどのように説明するのか、当時の総務省も頭を悩ませており、市町村の規模によって同じ仕事を何人の職員で対応しているかを比較した資料を作ったこともあった。しかし、どれでも直感的に理解してもらうのは難しかった。

　具体例を示してそのことは明らかにするとすれば、小規模な町村では、土木や建築の専門家が確保できず、道路インフラの維持点検がままならないことである。この点はある程度、周知されてきたところもある。同じことは、水道事業などでもいえる。水道管の更新を計画的に進めなければならないが、いまのペースだと十分な更新ができないとされている。その理由は、水道事業の経営の問題（更新を急激に進めると水道料金が上がりすぎるなど）ではない。現在の職員で対応できる更新投資の量に限界があって、目一杯の事業規模をこなしても、必要量には及ばないことだとされている。

　それらは、いずれも技術者の不足の問題であるが、事務職についてもいえるのが地方税の徴収である。地方税の滞納整理の事務が十分行き届いていないという指摘は以前からあった。滞納整理に関する事務処理が滞り、不納欠損処分を怠っているために、滞納繰越分の徴収率が異常に低い数値になっているといった現象が散見される。差し押さ

えなどによる徴収強化の必要性は分かっていても、それなりに法律上の知識が必要であって、小規模町村ではそれに対応できる職員がいないといった現実もある。近年では、三重県や茨城県で始まったが、県が主導して、市町村税の滞納整理を進める組織を設けて、市町村税の徴収率の引き上げをめざすところも増えている。

　奈良モデルの原点が、市町村合併があまり進まなかった奈良県における行政体制整備の課題への対応である以上、その原型となる事務が、市町村が所管する道路インフラの長寿命化と、市町村税の税収強化であることはむしろ自然である。そして取り組みを開始してもっとも早く成果が出たとされるのも、これらの分野である。

　奈良モデルでは、市町村管理の道路インフラの長寿命化にあたり、道路橋りょうの点検や、長寿命化修繕計画の策定を県が受託する形式を取っている。奈良モデルが始まった頃の地方分権の議論では、県から市町村への事務権限の移譲を進めることが望ましいとされていた。市町村の事務の県への委託となると、逆権限移譲であって、時代に逆行するという印象があった。県が主導すること自体が、基礎自治体の県への依存心を高めて、基礎自治体中心主義の大原則に外れるという批判は、奈良モデル全体に常に批判として囁かれることである。

⑵　地方財政措置の対象に

　ところが、奈良モデルに沿ったかたちで新たに地方財政措置を設けるという、思わぬ方面から応援が現れた。それも奈良県が総務省に強く申し出たからではない。すでに紹介した令和2年度の地方財政対策による「技術職員の充実等（市町村支援・中長期派遣体制の強化）」である。そこでいう技術職員とは、土木技師、建築技師、農業土木技師、林業技師である。

　地方分権のあり方という理念に係る議論はあるものの、現実の課題に対応しようとすれば、財政措置を講じてでも必要な職員の確保しな

ければ、インフラの維持更新に重大な支障を来すことになるという判断から設けられた措置である。筆者は、解決を迫る現実的課題が、いささか理念的すぎる地方分権論を飛び越えてしまったという印象を拭いきれない思いでいる。そのことは奈良モデル全体にも共通している。令和2年度の地方財政措置は、奈良モデルを推進する側からみれば、時代が奈良モデルにようやく追いついてきた、ということになる。

2 道路インフラの長寿命化支援

(1) 技術職員不足への対応

奈良モデルにおける道路インフラの長寿命化支援は、土木技術職員を十分に配置できないあるいは雇用できない比較的規模の小さな市町村が多いことに対応して、平成22年度から、市町村に代わって、橋梁長寿命化修繕計画の策定や橋梁点検や修繕事業（設計・工事）の支援を実施するものである（概要は図表6-1参照）。

公共施設やインフラの、長寿命化や更新が重要政策といわれているが、なかでも橋梁の老朽化対策は喫緊の課題とされてきた。ところが、技術職員が不足している市町村では、老朽化の点検すら自前ではままならないという事情があり、相当深刻な状況であるといえる。

奈良県では、「県内には約1万300の橋梁があるが、国が管理する橋梁は約5％、県が管理する橋梁は約23％に過ぎず、残る7割近くの橋梁は市町村が管理」「県内市町村には土木技術職員がいない団体が約3割に及び、道路インフラの維持管理が困難な状態」（『奈良モデルジャーナル』vol.4、平成30年3月）にある。中山間地域の生活道の総延長が人口に対して長いという奈良県の特徴が表れている。そうした

図表6−1　道路インフラ（橋梁）の長寿命化に向けた支援

道路インフラの長寿命化支援

土木技術職員が不足する市町村が多いため、平成22年度から、橋梁長寿命化修繕計画の策定、橋梁点検や修繕事業（設計・工事）の支援を実施しています。

橋梁補修設計・工事のノウハウの習得を図っています。

県内には約1万300の橋梁があるが、国が管理する橋梁は約5％、県が管理する橋梁は約23％に過ぎず、残る7割近くの橋梁は市町村が管理しています。しかし、県内市町村には土木技術職員がいない団体が約3割に及び、道路インフラの維持管理が困難な状態にあります。

そこで平成22年度から、県の支援を希望する市町村について橋梁の点検を県の管轄土木事務所が行い、各市町村の橋梁長寿命化修繕計画を県と同じ考え方に基づき、県道路管理課で策定する支援を実施してきました。

県土木事務所で技術習得

橋梁長寿命化修繕計画に基づいて橋梁補修設計業務、補修工事が本格化していく中で、平成25年度からは、県からの支援を希望する市町村の橋梁補修設計・工事を県が受託し、市町村からは職員を県（土木事務所）へ派遣してもらい、市町村職員が県職員の技術支援を受けながら積算や現場管理等を実施してきました。市町村職員を県土木事務所に派遣するしくみによって、技術力の向上、

市町村間、国等との協力体制を強固に

平成27年度からは、橋梁点検について、県が一括発注する方式に加え、近接する市町村の代表自治体が発注業務を代行し一括発注する市町村間連携の方式を組み合わせて実施しています。

市町村との情報共有や意見交換の場としては「奈良県道路インフラ維持管理連絡協議会」（国、県、市町村、西日本高速道路株式会社、奈良県道路公社）を平成26年4月に設立し、県が事務局となり、各道路管理者が道路インフラの維持管理について、情報共有や課題解決への連携に取り組んでいます。

また、同協議会では、維持管理に関する必要な知識及び点検・診断に関する知識・技能の習得を目的として、橋梁点検等講習会を実施しています。平成29年度は、実際の橋梁を用いた定期点検の実習等を計2回開催しました。

県が市町村の自立に向けた支援を行うことにより、市町村における道路インフラのメンテナンスが着実に進むことをめざします。

橋梁の点検

・平成22年度から、市町村が行うべき橋梁長寿命化修繕計画の策定、橋梁点検や修繕事業を県が受託
・橋梁長寿命化修繕計画は、平成25年度に全ての市町村で策定完了

橋梁点検（一括発注）のイメージ

県土木事務所
A市　B町　C村

修繕・更新工事のイメージ

県土木事務所
D町　E村
・市町村職員を派遣
・県土木事務所で技術を習得

平成29年度の取組

〈点検・診断〉
県で一括発注：7町7村
（川西町・高取町・河合町・吉野町・大淀町・下市町・御杖村・明日香村・黒滝村・天川村・下北山村・上北山村・川上村）
4土木事務所で受託し、県管理橋梁とあわせて委託発注
市町村間連携：4市（天理市・桜井市・香芝市・葛城市）
2グループにより委託発注

〈修繕事業〉
修繕工事を県が受託：1町1橋（三宅町）
市町村の職員は
・現場立会時、打ち合わせ時の同席
・発注に必要な資料作成
・警察協議など道路管理者として必要な協議 等を県職員の協力のもと実施

（出所）『奈良モデルジャーナル』vol.4、平成30年3月

市町村道に多く架かる橋りょうについては安全性の確認が十分にできていない状態にあった。それを奈良モデルの枠組みで、県が支援することとなった。

取り組みは、平成22年度から始まっている。橋りょう点検・橋りょう長寿命化修繕計画の策定を垂直保管として県が受託することとなった。橋りょう長寿命化修繕計画は、平成25年度にすべての市町村で策定を完了している。全市町村が完了したのは、全国的に見ても、相当早い進捗状況である。

平成26年度第1回の奈良県・市町村長サミットに提出された県の道路管理課による資料「市町村管理の道路施設補修工事の支援について」では、平成25年度の取り組みが説明されている。それによれば、平成25年度に全市町村を対象に計3回の奈良モデル検討会作業部会を開催し、各市町村の道路施設管理担当課長に出席を依頼した。作業部会では、今後、本格化する市町村事業の補修工事の発注について、垂直補完による技術的支援の実施方策を検討することとなった。

(2) 市町村の反応

市町村の意見を聴取したところ、次のような課題が明らかになった。

①市町村が管理する小規模な補修に対して応札者が少ない

　→県が補修工事を発注する際に、近隣の市町村橋梁の補修工事を含める。これによりスケールメリットが見込め、市町村の財政負担を軽減。

②技術力（技術職員）の不足設計、積算、工事監督の技術者不足

　→工事の実践を通じて技術力をアップする人材育成を兼ねて、市町村から職員を県（土木事務所）へ職員派遣。これにより、公共事業の予算・計画・発注手続き・現場業務等のスキルアップが可能。

これらを踏まえて、奈良県は、市町村に対して、市町村職員の派遣

と補修工事（設計含む）の委託を同時に実施することを提案した。それに対する市町村の意見は次のようなものであった。

＊技術者の少ない市町村にとっては、工事委託の支援を求める声が多い。

＊工事の内容では、橋梁やトンネル等の補修系工事の支援を求める声が多い。

＊3分の2以上の市町村が第2回目の橋梁長寿命化修繕計画の策定についても点検・計画策定ともに垂直補完を望む声が多い。

＊一方、市町村から県へ長期間の職員派遣は厳しいという意見が多い。

　すなわち、県から市町村への技術支援はありがたく、垂直補完によって県に受託したいニーズは大きいが、市町村職員を県に派遣してスキルアップをすることまでは消極的な意見があった。それでも希望する市町村については、橋りょう補修設計・工事を県が受託する一方で、修繕・更新工事については、市町村から職員を県の土木事務所へ派遣してもらい、市町村職員が県職員の技術支援を受けながら積算や現場管理等を実施する形態を取ってきた。また、平成27年度からは、橋梁点検について、県が一括発注する方式だけでなく、近接する市町村のなかで代表となる団体は発注業務を代行する市町村連携の方式を組み合わせている。

　平成29年度の取り組みは、図表6－1にあるように、点検・診断については、7町7村（川西町・高取町・上牧町・河合町・吉野町・大淀町・下市町・御杖村・明日香村・黒滝村・天川村・下北山村・上北山村・川上村）について県で一括発注し、県内の4土木事務所で受託し、県管理橋梁とあわせて委託発注をすると同時に、4市（天理市・桜井市、香芝市・葛城市）については、市町村間連携として2グループにより委託発注をしている。さらに、修繕事業については、1町1橋（三宅町）の修繕工事を県が受託するものの、町の職員は、「現場

立会時、打ち合わせ時の同席」「発注に必要な資料作成」「警察協議など道路管理者として必要な協議等」を県職員の協力のもとで実施している。

そのような連携を進めるうえで、平成26年度からは、インフラ維持管理連絡協議会を設立し、国、県、各市町村など、奈良県内の道路管理者が連携して、道路インフラの維持管理についての情報共有や課題解決への連携を深めるようにしている。併せて、橋りょう点検などについての講習会を実施するなど、市町村職員に対して、維持管理に関する必要な知識や、点検・診断に関する必要な知識・技能の習得の場を提供している。

このような取り組みを通じて、県による点検や工事等の受託にとどまらず、市町村が自ら道路インフラの維持管理に当たることができるように県として支援している。道路インフラの長寿命化支援は、奈良モデルにおいて着実な成果を残している。

3 市町村税の税収強化

市町村税の徴収率の向上に当たっても、道路インフラの長寿命化と同様に、垂直統合と水平連携の2つが組み合わされている。前者としては県職員を市町村に派遣したり、県と市町村の職員が相互に併任して協働して徴収にあたったりするものがあり、それらを「職員派遣型協働徴収」と呼んでいる。後者としては近隣の市町村が滞納案件を持ち寄って、協働して滞納整理にあたる「ネットワーク型協働徴収」がある。

図表6-2に示したように、市町村税の税収強化を図った発想の契機は、「滞納整理のノウハウやスキルの共有化を図り、地方税の税収

図表6−2　市町村税の税収強化

5　市町村税の税収強化を図っています。

発想の契機

- 滞納整理のノウハウやスキルの共有化を図り、地方税の税収確保と徴収率の向上を図る必要性

- 市町村では、滞納整理のノウハウやスキルが不足しているなど、徴収体制が不十分な場合もあり、県職員が先頭に立って働きかける必要性

①職員派遣型協働徴収

県と市町村で相互に徴収職員を併任し、協働徴収を実施する「職員併任型」を展開。

②ネットワーク型協働徴収

7自治体（川西町、三宅町、田原本町、上牧町、王寺町、広陵町、河合町）で滞納案件を持ち寄り、徴収の事例研究を行い、滞納整理ノウハウを共有

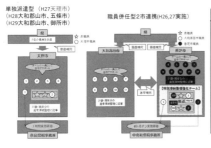

単独派遣型（H27天理市）
（H28大和郡山市、五條市）
（H29大和郡山市、御所市）

職員併任型2市連携(H26,27実施)

効果

- 県内市町村の平均徴収率は上昇し、全国順位も向上
（H19：91.0%・38位、H20：91.3%・37位
→H26：94.0%・32位、H27：94.9%・28位）

- 滞納整理のノウハウやスキルの共有により、各自治体の徴収力の向上につながり、職員派遣型及びネットワーク型双方の取組を県内で拡大していこうとの意識が高揚

（出所）奈良県、平成29年度第6回「地域フォーラム」（平成30年2月25日）の荒井知事の講演資料

確保と徴収率の向上を図る必要性」「市町村では、滞納整理のノウハウやスキルが不足しているなど、徴収体制が不十分な場合もあり、県職員が先頭に立って働きかける必要性」などとされている。また、平成19年度の時点で、奈良県の県内市町村の平均徴収率は全国38位であり、その向上が必要であったことも背景にある。

図表6−2の「①職員派遣型協働徴収」の欄で、職員併任型2市連携として示されている事例について、奈良モデル29年報告は、次のように紹介している。

平成26〜27年度に県と大和高田市及び香芝市の2市相互間で徴収職員を併任（派遣）し、拠点を香芝市に置いた「特別滞納整理強化チーム」を設置し、高額滞納者を対象とした協働徴収を実施した。両市をまたがる広域案件への対応や、困難案件への協働した集中的な取り組

みを行い、県職員、市職員が肩を並べて徴収業務にあたることにより、それぞれの滞納整理スキルを共有し徴収技術の向上を図った。地域に密着した市町村では、強制的に徴収を行うことにためらいがある場合もあり、県職員が先頭に立って働きかけ、公平・公正な税収確保に向け支援を行っている。それらの取り組みを進めた結果、図表6－2にあるように、効果として、「滞納整理のノウハウやスキルの共有により、各自治体の徴収力の向上につながり、職員派遣型及びネットワーク型双方の取組を県内で拡大していこうとの意識が高揚」しているとされる。

　また、平成28年10月には、新たな滞納者を生み出さないという観点から、現年課税分滞納者を対象に、早期に電話によって自主納付を呼びかけるために「奈良県市町村税納税コールセンター」を設けている。同コールセンターは、奈良県と県内7市町村（大和高田市、五條市、葛城市、宇陀市、三郷町、斑鳩町、上牧町）の共同設置で開設された。図表6－3は、その運営形態を示しているが、コールセンターの運営実行委員会が、委託業者に委託し報告を受けるとともに、実施市町村は委託業者と直接、滞納案件等でやりとりをすることとなっている。

　期待される効果としては、図表6－3にあるように、次の4点である。
• 効率的・効果的な滞納者への対応、夜間帯や休日も電話連絡
• 納期内納付の促進
• 税務職員の専門性を必要とする事務への集中・専念化
• 共同設置のスケールメリットによる経費の削減

図表6-3　奈良県市町村税納税コールセンターの仕組み

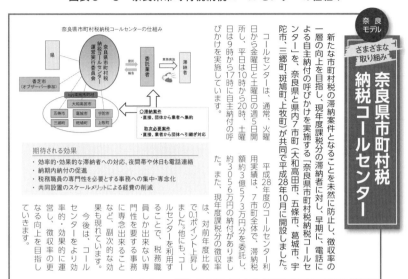

奈良県市町村税
納税コールセンター

新たな市町村税の滞納案件となることを未然に防止し、早期に、徴収率の一層の向上を目指し、現年度課税分の滞納者に対し、電話による自主納付の呼びかけを実施する「奈良県市町村税納税コールセンター」を、奈良県と県内7市町(大和高田市、五條市、葛城市、宇陀市、三郷町、斑鳩町、上牧町)が共同で平成28年10月に開設しました。

コールセンターは、通常、火曜日から金曜日と土曜日の週5日開所し、平日は10時から20時、土曜日は9時から17時に自主納付の呼びかけを実施しています。

平成28年度のコールセンター利用実績は、7市町全体で、滞納税額約3億573万円分を委託し、約3056万円の納付がありました。また、現年度課税分の徴収率は、対前年度比較で0.1ポイント上昇しました。他にも、コールセンターを利用することで、税務職員しか出来ない専門性を要する事務に専念出来ることなど、副次的な効果も現れています。

今後は、コールセンターをより効率的・効果的に運営し、徴収率の更なる向上を目指していきます。

（出所）『奈良モデルジャーナル』vol.3、平成29年12月

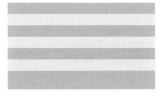

第7章

県域水道の
ファシリティマネジメント

水道法の改正

　戦後に地方自治制度が確立された以降、法律や制度の創設以来、一貫して、基礎自治体である市町村の責務と考えられてきたものが、人口減少等の近年の社会経済情勢の変化によって、主として政策的あるいは技術的理由などから、都道府県の関与を拡大するか都道府県が幹事役になって水平連携を強める方向に、法律または制度が改正されているものがある。その代表例が、水道法と国民健康保険制度である。奈良モデルでは、そうした制度改正が行われる以前から、都道府県の関与を強めたり、市町村間の水平連携を進めたりする方向で検討を進めてきた。奈良県のように都道府県と市町村の連携を深める改革を進める県はまだ例外的な存在だが、法律や制度改正の動きをみると、奈良モデルの問題認識が時代の要請に応じたものであることが間接的に証明されている。

　平成30年12月の水道法の改正（平成30年法律第92号）（以下「改正法」という）の趣旨は、図表7－1によれば、「人口減少に伴う水の需要の減少、水道施設の老朽化、深刻化する人材不足等の水道の直面する課題に対応し、水道の基盤の強化を図るため、所要の措置を講ずる」こととされている。

　改正法では、水道施設の維持更新を適切に進める上で諸施策が講じられているが、そのなかでも都道府県の役割を強化する方向が示されている。改正法第2条の2第2項において、「都道府県は、その区域の自然的社会的諸条件に応じて、その区域内における市町村の区域を超えた広域的な水道事業者等の間の連携等（水道事業者等の間の連携及び二以上の水道事業又は水道用水供給事業の一体的な経営をいう。以下同じ。）の推進その他の水道の基盤の強化に関する施策を策定し、

図表7－1　水道法改正（平成30年12月）の概要

水道法の一部を改正する法律（平成30年法律第92号）の概要

改正の趣旨

人口減少に伴う水の需要の減少、水道施設の老朽化、深刻化する人材不足等水道の直面する課題に対応し、水道の基盤の強化を図るため、所要の措置を講ずる。

改正の概要

1. 関係者の責務の明確化

①国、都道府県及び市町村は水道の基盤の強化に関する施策を策定し、推進又は実施するよう努めなければならないこととする。
②都道府県は水道事業者（水道用水供給事業者をいう。以下同じ。）の間の広域的な連携を推進するよう努めなければならないこととする。
③水道事業者等はその事業の基盤の強化に努めなければならないこととする。

2. 広域連携の推進

①国は広域連携の推進を含む水道の基盤を強化するための基本方針を定めることとする。
②都道府県は広域連携の推進を含む水道の基盤を強化するための水道基盤強化計画を定めることができることとする。
③都道府県は、広域連携を推進するため、関係市町村及び水道事業者等を構成員とする協議会を設けることができることとする。

3. 適切な資産管理の推進

①水道事業者等は、水道施設を良好な状態に保つように、維持及び修繕をしなければならないこととする。
②水道事業者等は、水道施設を適切に管理するための水道施設台帳を作成し、保管しなければならないこととする。
③水道事業者等は、長期的な観点から、水道施設の計画的な更新に努めなければならないこととする。
④水道事業者等は、水道施設の更新に関する費用を含むその事業に係る収支の見通しを作成し、公表するよう努めなければならないこととする。

4. 官民連携の推進

地方公共団体が、水道事業者等としての位置付けを維持しつつ、厚生労働大臣の許可を受けて、水道施設に関する公共施設等運営権を民間事業者に設定できる仕組みを導入する。

※公共施設等運営権とは、PPP／PFIの一類型で、利用料金の徴収を行う公共施設について、施設の所有権を地方公共団体が所有したまま、施設の運営権を民間事業者に設定する方式。

5. 指定給水装置工事事業者制度の改善

資質の保持や実体との乖離の防止を図るため、指定給水装置工事事業者の指定に更新制（5年）を導入する。

※指定給水装置工事事業者とは、給水管から分岐して給水用具（蛇口やトイレなどの給水設備）の工事を施行できる、条例において、給水装置工事（給水装置の設置又は変更の工事）を行う者を指定でき、条例において、給水装置工事事業者が指定給水装置工事事業者の行う旨を規定。

施行期日

令和元年10月1日（ただし、3、②は令和4年9月30日までは、適用しない。）

（出所）厚生労働省ホームページ（https://www.mhlw.go.jp/content/000505471.pdf　令和3年3月6日現在）

及びこれを実施するよう努めなければならない」として、都道府県に対して広域調整機能を求めている。それに基づいて、図表7－1では、広域連携における都道府県の役割を次の２つであるとしている。

＊都道府県は基本方針に基づき、関係市町村及び水道事業者等の同意を得て、水道基盤強化計画を定めることができることとする。

＊都道府県は、広域連携を推進するため、関係市町村及び水道事業者等を構成員とする協議会を設けることができることとする。

このような水道法の改正内容は、あたかも奈良モデルとして奈良県が水道分野で行ってきたことを先例にして、倣ったものと映る。奈良県の水道関係者としては、我が意を得たり、というところであろう。

2 県域水道ビジョンの策定と更新

(1) 水道法の改正と県域水道ビジョン

　水道法の改正の背景には、人口減少と節水対策によって水需要が減少する一方で、水道管などの施設の老朽化が進むと同時に耐震化対応を進める必要があり、熟練職員の大量退職による技術力の低下という問題が深刻であるという危機意識に基づいている。そのような現状認識は、奈良県においてもまったく同じであるといってよい。奈良県で、他県と異なる状況があるのは、「奈良県の水需要に対して、これまでダム開発等により水源開発を行ってきたが、平成24年度末の大滝ダム完成により、今後10年あるいは20年に一度発生すると予想される渇水時においても、安定的に水道用水を供給することが可能となった。今後もさらに人口減少が進み、需給バランスに余裕が生じることが予想されるため、水資源の有効活用が課題となっている」（奈良モデル29年報告）ところである。

水道事業の主役は市町村であり、県は脇役である。しかし、地理的あるいは歴史的理由から、水源開発を熱心に行う県とそうでない県がある。県が水源開発をする場合には、県は一種の卸売業者として「県水」を市町村に販売し、市町村が末端給水をする形態をとることが多い（政令指定都市の一部では、周辺の市町村に対して卸売業者になっている事例もある）。奈良県の場合には、市町村の規模によって、老朽化した浄水施設を更新して自ら水源開発をして「自己水」にこだわるか、「県水」の供給を受けるかが一つの大きな選択肢となる。

奈良モデルでは、県内における水道事業のあり方を検討するなかで、先に紹介した水道法の改正に7年も先立つ平成23年12月に「県域水道ビジョン」を策定している。「県域水道」とは聞き慣れない言葉であるが、奈良県では、県営水道と市町村水道を一体として捉えるものという意味で使っている。奈良モデルでは、県職員と市町村職員が一体となって、県民に対して公共サービスを提供するという考え方をとるが、それと同じ構図である。

県域水道の考え方を推し進めて、「県営水道の水源、施設、技術力の水道資産を県域全体で活用し、県域水道総資産を最適化する「県域水道ファシリティマネジメント」（奈良モデル29年報告）に取り組むというのが、県域水道ビジョンの基本的な考え方である。そこでは、市町村が主役、県が脇役という、従来のあるべき地方自治の発想は飛び越えられている。奈良県という人口減少先進県ゆえの強い問題意識が、既成の理念にこだわらない原動力になっているといえる。

⑵　3つのエリアに分ける

県域水道ビジョンでは、県域水道を、図表7－2で示した3つのエリアに分け、それぞれあるべきファシリティマネジメントを構想している。エリア区分は、自然的条件、浄水場の規模、施設形態などの特性に基づいている。それぞれのエリアの特徴と対応策としては、「大

阪のベッドタウンとして高度経済成長期に人口が急増した「県営水道エリア」では県営水道を軸とした垂直連携を、吉野川（紀の川）流域の「五條・吉野エリア」では五條市・吉野３町（吉野町・大淀町・下市町）の水平連携を、山間の過疎地域である「簡易水道エリア」では簡易水道事業の効率的運営を対応策として示しています。簡易水道エリアでは、平成27年度から

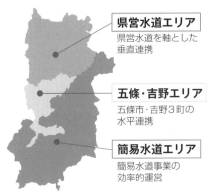

図表７－２
県域水道ビジョンにおけるエリア区分

県営水道エリア
県営水道を軸とした
垂直連携

五條・吉野エリア
五條市・吉野３町の
水平連携

簡易水道エリア
簡易水道事業の
効率的運営

（出所）『奈良モデルジャーナル』vol.1
（平成28年２月）

県水道局と奈良広域水質検査センター組合で構成される技術支援チームによる技術支援を実施しています」（『奈良モデルジャーナル』vol.1、平成28年２月）と説明されている。

　県域水道ビジョンでは、エリアごとの現状を次のように分析している。

県営水道エリア
◦県営水道と市町村の上水道事業の連携で運営（一部簡易水道事業あり）
◦１万㎥／日以上の浄水場が10か所、そのうち、10万㎥以上の浄水場が３か所ある
五條・吉野エリア
◦各市町の上水道事業と簡易水道事業が独自で運営
◦１万㎥／日以上の浄水場が２か所ある
簡易水道エリア
◦簡易水道事業による運営
◦小規模水道施設が広範囲に点在

⑶　エリアごとのマネジメント

　そうした現状認識からスタートし、県と市町村との間で、将来像の検討が重ねられてきた。奈良モデル29年報告では、県営水道エリアにおいて、県営水道への水源転換（県水転換）がどのように図られてきたかが以下のように説明されている（まず、県営水道の料金の引き下げを行って、県水転換の条件を整えた）。

「この新料金制度に改定した上で、県水100％に転換した場合と自己水を残した場合の比較による将来シミュレーションを県独自で実施し、いわば水道事業基盤強化に向けた「処方箋」を作成して、受水24市町村に提案し協議を行った。本来、市町村がアセットマネジメントとして取り組むべきところを、県が率先して市町村の経営分析を行い市町村に提案した。当然ながら、自己水維持が有利という分析結果が出る市町村もあったが、県としては市町村が最もメリットの出る方策を提案するというスタンスで協議に臨んだ。この処方箋協議を契機に、粘り強く市町村との協議を重ねた結果、県域水道ビジョンを策定した平成23年度当時、受水24市町村のうち、県水100％の市町村は５市町村のみであったが、平成24年度にまず広陵町が100％に転換したことを契機に、他の市町村でも100％転換表明が相次ぎ、平成32年度までの予定を含めると、15市町村が県水100％となる。」

　このようにして、県営水道エリアでは、将来的に15市町村が県水100％に展開することで経営統合し、最終的には事業統合も視野にいれた改革を進める方向性が確立された。そうしたなかで、15市町村のなかで磯城郡３町（川西町、三宅町、田原本町）については、県水転換を行うとともに、直結配水を行うことについて、平成26年度から検討が開始された。磯城郡３町は奈良盆地の中心部で標高が最も低い地域の1つであることから、県営水道の位置エネルギー（標高差）を利用して、配水池とポンプ場を縮小して自然落下で家庭に配水すること

で、施設更新費と運営費を節減することが可能になる。検討の結果、直結配水への転換に一定の合意に達したことから、平成31年３月に、「磯城郡水道事業広域化基本方針」が策定された（内容については本章の最後に紹介）。磯城郡３町の水道広域化は、15市町村の経営統合に先立つ事例となる。

このほか、奈良モデル29年報告では、「五條・吉野エリア」では、「市町の施設共同化による水平連携の広域化モデル案を提示してきたが、水平連携だけでは根本的な課題解決につながらないということから、県水の水源を活用した垂直統合の検討に入るなど、次の段階の広域化検討に着手し、他エリアに先行して、県と１市３町の企業団設立を検討している」とされている。

また、「簡易水道エリア」では、「簡易水道エリアの村においては、地理的な条件から、簡易水道施設同士のハード統合が困難な地域が大半を占め、料金や会計を一本化するソフト統合のみでは統合による効果が発揮されない場合が多い。簡易水道が統合されてもなお、人口減少、施設の老朽化による経営の困難、人員不足による維持管理の困難等、多くの課題が残されている。そこで、平成29年度からは、維持管理の改善手法の提案に加えて、経営面に踏み込んだ施設投資最適化の提案などの経営改善策を県で検討し提案する「簡易水道経営改善支援事業」に取り組む」とされている。

平成29年度になると、県域水道のあり方についてさらに踏み込んだ提案として「県域水道一体化の目指す姿と方向性」が県から提示し、一体化に向けた検討に関する合意形成が図られた。
それを受けて、平成30年度には「新県域水道ビジョン」（水道事業基盤強化計画）が策定されている。そこでは、エリアごとに次のような目標が定められている。
＊県営水道エリア―県営水道と奈良市営水道の浄水場（水源）に集約
＊五條・吉野エリア―県営水道エリアに先行し施設面での効率化推進

図表7－3　県域水道一体化に向けたスケジュール

年度	内容
平成30年 （2018年）	新県域水道ビジョン策定
平成31年 （2019年）	県域水道一体化に係る協議会設置
平成32年 （2020年）	県域水道一体化に係る覚書締結
平成33年 （2021年）	県域水道一体化に係る広域化事業開始
平成34年 （2022年） 〜 平成37年 （2025年）	磯城郡3町経営統合 県域水道一体化に係る基本協定締結
平成38年 （2026年）	**上水道の経営統合** 経営統合後、当面の間、市町村水道事業は、 セグメント会計（料金）として継続 →現在の水道事業体での経営改善努力を促し、 経営理念の共有化を図る
概ね10年後	事業統合

（出所）奈良県「新県域水道ビジョン」（平成31年3月）

＊簡易水道エリア―業務の効率化・持続可能な体制づくり

　さらに、県営水道エリアと五條・吉野エリアは、組織・施設・管理運営の統合を進めることで一体化を図り、県営水道と経営統合をしたうえで、その後に事業統合をめざす。簡易水道エリアについては、受皿組織を設立して、業務支援内容の具体化や広域的な支援体制確立をめざすとされている。このようなビジョンを基に、市町村との合意を取り付け、県域水道の一体化を進め、効率的なファシリティマネジメントを図っていくとされている。

　図表7－3は、新県域水道ビジョンに示された、県域水道一体化に向けたスケジュールである。それによれば、最終的に上水道の経営統

合は2026年（令和8年）をめざしている。その時点では、企業団を設立するものの、市町村ごとのセグメント会計を継続する（すなわち、料金体系が異なるようにする）として、現在の水道事業体で経営改善努力を促し、経営理念の共有化を図るとされている。それらが実現すれば、概ね10年後には事業統合にまで至ることで一体化が完成するとされている。同ビジョンによれば、平成27年度からの30年間のシミュレーションの結果として、給水原価は、市町村単独に比べて一体化することで約12％の引き下げが効果として見込まれている。

(4) 磯城郡3町の経営統合──磯部郡水道広域化基本方針より

　磯部郡3町の水道広域化に当たっては、県営水道への転換と配水の効率化を実現するものである。3町とも自己水を持っていたが（川西町は県水転換済み）、それを廃止し、県営水道からの入水に転換し、配水効率化の観点から、高低差を利用して、県営水道の直結配水を実施することとした。直結配水にすれば、各町とも浄水場を廃止できるだけでなく、県営水道を受ける貯水池や排水のためのポンプ施設などが不要となる。しかしながら、県営水道の事故時や災害時に備える必要から、3町の貯水池を、田原本町に集約して、緊急貯留水を確保することとした。そのうえで、広域連絡管を整備し、磯城郡水道広域化基本方針では、以下のように管路更新を推進するとしている（全体のイメージは図表7－4参照）。

＊各町の配水トラブルに対応するため、広域化に合わせて広域連絡管を整備する。また、石綿セメント管、硬質塩化ビニル管の更新を早急に実施することとした。

＊広域連絡管整備事業（広域化事業）に係る施設整備は、令和8年度中の完成に向け平成29年度より整備開始している。

＊管路更新については、令和4年度から令和8年度までは基盤整備事業を活用し、整備促進を図る。

図表7-4 川西町、三宅町、田原本町の広域化のイメージ

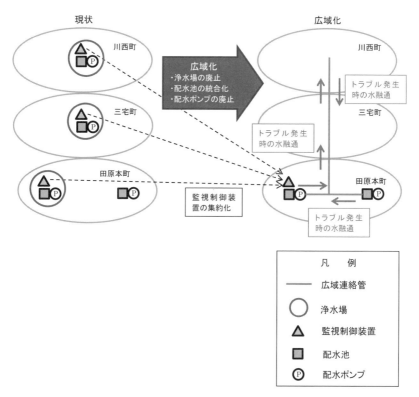

（出所）磯城郡水道事業広域化基本方針（平成31年3月）

経営統合後は、新たな経営主体として一部事務組合（企業団）を設立することとしている。その事業形態は図表7－5で示している。すなわち、セグメント会計を設けて料金統一は行わない一方で、システムの統合を進め、営業業務の包括委託などを進める方針である。

　広域化によって、財政面では次のような効率化による効果が見込まれている（引用は、磯城郡水道事業広域化基本方針概要版より）。

＊建設改良費の削減

　直結配水により、各町の浄水施設等を廃止することが可能となる。この結果、広域化による施設の統廃合の建設改良費の30年間の削減効果は、約60億円となる。

＊交付金による効果

　3町全体で、令和8年度までの10年間で約5億円の国庫補助金が交付される見込み。

＊運営経費への効果

　県水転換や包括委託の共同発注などにより委託料、修繕費、動力費、薬品費などの維持管理費の削減効果が約17億円見込まれる。一方で、県水転換により受水費が約39億円増加することなどにより、全体としては運営経費が24億円増加する試算となる。

　上記の建設改良費の削減効果との合計では、全体で約36億円の支出削減効果となる見込みである。

＊給水原価への効果

　経営統合により、特に浄水場等施設の更新投資費用が抑えられる結果、3町ともに単独経営ケースと比較し給水原価の上昇を抑制することができる。

図表7－5　一部事務組合（企業団）の事業形態

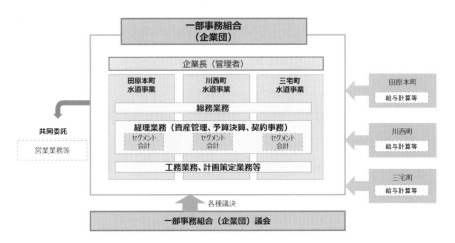

（出所）磯城郡水道事業広域化基本方針（平成31年3月）

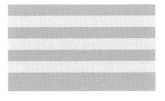

第8章

広域医療提供体制の再構築

公立病院の再編整備の優等生

　社会保障・税一体改革の一環として平成26年6月に公布された「医療介護総合確保推進法」における医療法の改正では、地域における効率的かつ効果的な医療提供体制の確保がめざされている。そこでは、

①医療機関が都道府県知事に病床の医療機能（高度急性期、急性期、回復期、慢性期）等を報告し、都道府県は、それをもとに地域医療構想（ビジョン）（地域の医療提供体制の将来のあるべき姿）を医療計画において策定

②医師確保支援を行う地域医療支援センターの機能を法律に位置付けの2つが柱になっている。

　平成28年度中に、全都道府県で地域医療構想が策定されたものの、病床の再編は容易に進んでいない。業を煮やしたように、令和元年9月に、厚生労働省は、診療実績のデータなどから「代替可能性がある」または「診療実績が少ない」と位置付けられた全国で424の公立・公的医療機関等の実名を公表し、統合・再編の議論を喚起した。しかし、対象となった病院のある自治体からは大きな反発が生じるなど、地域医療構想の実現に自治体の協力を得ることは容易ではない。

　その一方で、奈良県では、奈良モデルの一環として推進してきた「南和地域の広域医療提供体制の再構築」は、地域医療構想そのものであり、それを先取ったものといえる。424病院の実名を公表した際に、多くの知事や市町村長はそれに強く反発したが、第4章で述べたように、荒井知事だけはむしろ歓迎との意向を示したのも、奈良県では先行しているとの自負があったからであろう。

　『奈良モデルジャーナル』（vol.2、平成29年2月）は、南和地域の広域医療提供体制の再構築の概要について次のように説明している。

「南和地域には、３つの公立病院（県立五條病院、国保吉野病院、町立大淀病院）がありましたが、すべてが、急性期の病院でした。それぞれの病院が医師・看護師の減少に歯止めをかけることができない状況下にありながら、急性期を脱した回復期・慢性期の患者需要にも対応していたため、本来果たすべき急性期医療の機能が低下。結果、地域外で入院する患者が６割にも上る状況になっていました。一方で、救急患者数を見ると、南和地域全体で救急病院は一つあれば対応できるということがわかってきました。」

　すなわち、３つの公立病院を、地域の医療ニーズに応じた供給体制とするうえで、急性期や回復期を持った病院は１つでよく、それと慢性期の患者需要に対応する病院に再編するというのは、地域医療構想の実験そのものである。先の引用箇所の最後に「わかってきました」とあるが、あるべき姿は何かが分かったとしても、どの病院にどの機能を残して再編するかという具体論になると、地域エゴが噴き出して、あるべき議論にならないことの方が普通である。どの自治体も、住民の便利さや安心感からすると、自分の市町村に中核的病院を置きたいからである。

　平成22年に、県と五條市、吉野郡の町村からなる「南和の医療等に関する協議会」が設立され、それが病院再編を推進する場となった。県は、その場で、３病院に関する現状分析の提供や病院再編の方針に提示などを通じて、積極的に協議が深まるように調整した。その結果、平成24年１月には、県と市町村が構成団体になる一部事務組合である南和広域医療組合（平成28年４月に南和広域医療企業団に改組）が設置され、病院再編が進められた。そこで言われたことは「南和の医療は南和で守る」であった。県がリードして舞台を整え、市町村が共通の目標の達成に向かって信頼関係を持って努力するという広域連携のあるべき姿を実現したうえで、南和地域の広域医療提供体制の再構築は、奈良モデルのなかでも特に大きな成果といえる。

2 南和地域の広域医療提供体制の枠組みとねらい

　図表8－1は、南和地域の広域医療提供体制の再構築の全容を示したものである。町立大淀病院、県立五條病院、国保吉野病院の3つの公立病院（急性期）がそれぞれ医療を提供していたところを、再編して「南和広域医療企業団」として1つの広域医療拠点とした。同企業団は、南奈良総合医療センター（急性期・回復期）と吉野病院（回復期・慢性期）および五條病院（回復期・慢性期）から構成される。南和広域医療企業団は、病院が所在する市町村だけでなく、五條市と吉野郡3町8村（吉野町、大淀町、下市町、黒滝村、天川村、野迫川村、十津川村、下北山村、上北山村、川上村、東吉野村）および県で構成される。一部事務組合に県が加入するのは全国的にも珍しい例である。

　病院を再編した成果は、図表8－1に示されているように、次の3点であるとされる。

＊急性期から慢性期まで切れ目の無い医療提供体制を構築
＊医療機能強化（救急搬送受入数5.7件／日→11.2件／日（平成28年度実績）病床利用率65.0％→88.8％（平成28年度実績））
＊へき地診療所との連携強化（医療情報ネットワークで結び、病院の予約や検査結果の相互利用に活用）

　成果の3点目にあるように、南和広域医療企業団の参加市町村には、同企業団傘下の3病院以外に、下市町と東吉野村以外は診療所を持っており（十津川村は2箇所）、五條市も合併した旧大塔村に診療所がある。企業団を構成する市町村としては、これら全部で9箇所の公立へき地診療所と3病院はネットワークで結ばれなければならない。その点について、『奈良モデルジャーナル』（vol.2、平成29年3

図表8－1　南和地域の広域医療提供体制の再構築

（出所）奈良県平成29年度第6回「地域フォーラム」（平成30年2月25日）の荒井知事
　　　の講演資料

月）では次のように説明されている。

「《24時間365日受け入れられる救急搬送体制》

　救急医療体制も強化し、救急センターには3名の医師が常駐してい
ます。

　山間部の多い南和地域では、救急車による搬送に時間がかかるた
め、南奈良総合医療センターにヘリポートを整備し、ヘリコプター
による搬送が可能な体制をつくりました。平成28年4月以降、救
急搬送受入数も着実に伸びています（救急搬送受入数5.7件→11.8
件／日）。

《地域に根ざした医療》

　地域に密着した医療をめざし、公立9へき地診療所と企業団の3病
院間のICTを活用した医療情報ネットワークを整備していきます。

また、医師・看護師の養成を行い、構成市町村のニーズに応じて派
遣や巡回診療を行うほか、公立へき地診療所と連携し在宅患者への
訪問診療の強化を図り、地域密着型の医療を推進しています。」
　このようにネットワーク化を進めるねらいとしては、救急対応やへ
き地医療の推進のほかに、災害時の医療対応がある。近年でも紀伊半
島では、大水害が頻発しているが、災害対応の強化策として、南奈良
総合医療センターでは、病院建物を免震構造とし、有事も医療機能を
継続できるようにするとともに、冷暖房完備の体育館を整備し、災害
時に活用することを想定している。
　このような医療ネットワークの構築に対して、当然のことながら、
吉野郡内の町村から評価する声が寄せられている。特に、ドクターヘ
リの提供によって短時間での救急搬送が可能となったことについて
は、一様に歓迎の声があがっている。

　南奈良総合医療センターは、25診療科と救急や糖尿病などの９つの
センターを備えるなどレベルの高い医療サービスが提供できるが、そ
れだけではなお不足するところもある。その点について、『奈良モデ
ルジャーナル』（vol.2、平成29年３月）では、県央の橿原市にある奈
良県立医科大学附属病院との連携で対応するとして次のように説明し
ている。
　「高度医療や周産期医療については、奈良県立医科大学附属病院との
　連携を図っています。南奈良総合医療センターで分娩はできません
　が、県立医大での出産を希望される妊婦には、共通電子カルテによ
　り、初診、妊婦検診、産後の検診は南奈良総合医療センターで、出
　産は県立医大でという移行がスムーズに行われ、安心して周産期を
　過ごしていただける仕組みをつくりました。」
　３病院の再編に際して、県が行った支援については、奈良モデル29
年報告では、次のように説明されている。

「県はこれまで広域化の呼びかけや調整役としての機能を担うとともに、財政的な支援も実施してきた。施設整備への支援としては、建設・改修に過疎団体が発行する過疎対策債を活用するとともに、市町村の財政負担を軽減するため、起債償還額の地方交付税措置を除いた部分を県が支援した（病院建設にかかる費用のうち、構成市町村の起債償還にかかる負担分の６割強）。スムーズな立ち上がりへの支援としては、稼働率が平準化するまで、開院当初の収益不足を補助、五條病院休院中の人件費を補助するなど工夫している。運営面の支援としては、看護専門学校の運営費を補助している。また、県は職員（事務職、建築職）を一部事務組合（企業団）に派遣し、開院準備段階から病院経営まで継続的に経営に参画し、人的な面でも積極的に関与している。」

　奈良県でこのような地域医療ネットワークが構築できた背景には、県立医大をもっていて、その医療資源を活用できたことがある。しかし、県立医大を持っている県でも、このような取り組みが進まないところがほとんどである。県がその気になって市町村と一体化すれば、県内資源を十分に活用できて、相当なことができることを証明した事例といえる。それはまた、地域医療構想における公立病院の再編整備の優等生として、別の意味でも評価されることになった。

3　断らない病院をめざして

　南和地域の広域医療提供体制の再構築では、「南和の医療は南和で守る」のほかに、もう１つ重要なキー・コンセプトがあった。「断らない病院をめざして」である。それは、緊急搬送されてきた患者を断らないで受け入れる態勢を作り上げることを意味する。

奈良県が作成した「南和地域の広域医療提供体制の再整備」に関する資料では触れられていないが、ほかならぬ南和地域でそのような取り組みが進められているのは、奈良県でもとりわけ人口減少が厳しく、へき地医療も含めて医療体制の整備が必要といったことだけではない。ある特別な思いからであろう。世に言う「大淀町立大淀病院事件」という不幸な出来事を乗り越え、二度と悲劇は起こさないという強い思いが、県と市町村、および県内医療従事者などに共有されているからであると推察される（その経緯については、第11章を参照）。

　大淀町立大淀病院事件では、平成18年8月に町立大淀病院で出産中だった32歳の女性が脳出血をおこし高次医療病院への搬送が必要と判断されたが、19件もの病院で受け入れを拒否され、転送先の大阪府内の病院で出産後に死亡している。そうした悲劇を二度と起こさないためには、受け入れ体制を整備して、「断らない病院」を構築しなければならない。

　平成28年3月24日の讀賣新聞（大阪本社）の奈良県の地域版は、南奈良総合医療センターの開設に合わせた特集記事「南和の医療を考える―受け入れを断らない」のなかで、十津川村診療所を拠点に取材を中心に記事を構成している。記事は、まず、十津川村の診療所で肺炎患者に緊急入院が必要と判断され、診療所からの受け入れ要請に、五條病院から受け入れ可能との返答があったことから始まっている。同記事は、大淀町立病院事件にも触れたうえで、広域医療体制への期待について、次のように報じている。

　「（大淀町立大淀病院事件の発生）それから10年。センターの院長となる五條病院の松本昌美院長は「受け入れを断らない病院を目指し、基本理念を守り抜く」と強調する。この間、県南部は過疎化・高齢化が一段と進み、5年前には紀伊水害も起きた。災害時も含めた地域全体の医療体制の再構築が、待ったなしの課題となっている。そのための取り組みの一つが電子カルテの導入だ。センターと

県南部９か所の診療所、五條、吉野両病院をネットワークで結び、診断や検査の結果、治療歴など、患者一人ひとりの詳しい記録を共有する。転院したり、退院後に地元の診療所へ通院したりしても、継続的な治療ができるという。「どこにいても同じ水準の医療を提供できるのが理想なので、センターの発足は心強い。医師3人で精いっぱい頑張っている十津川村の事情をご理解いただき、これからも迅速な受け入れや支援をお願いしたい」と巳波所長※は話す」

※記事中の巳波所長とは、十津川村の小原診療所の巳波健一所長

　この記事のなかでは、広域医療体制を整えるためには、医療情報ネットワークの構築が重要とされている。医療情報ネットワークでは、３病院と９公立へき地診療所との間で、カルテ等をやりとりして、患者に関する情報を共有することと、医師同士が人的なコミュニケーションを持つことの大切さが強調されている。南和地域の広域医療の提供体制は、今後、中心間地域を抱える県において、医療サービスの確保をめざすうえでモデルとなるものである。

第9章

社会保障分野における
市町村との連携・協働

社会保障・税一体改革における医療・介護の見直し

　消費税率の引き上げに伴って実施されてきた社会保障・税一体改革では、医療・介護は、一体的に見直しの対象となっている。全体的に、公費で支える部分を強化することに併せて、効率化のための改革を促す内容が多い。医療・介護分野については、主に次の内容である（下線は筆者による）。

医療・介護サービスの提供体制改革
- 病床の機能分化・連携、在宅医療の推進等(a)
- 地域包括ケアシステムの構築(b)
- 医療情報化支援基金

医療・介護保険制度の改革
- 国民健康保険等の低所得者保険料軽減措置の拡充
- 国民健康保険への財政支援の拡充(c)
- 被用者保険の拠出金に対する支援
- 70歳未満の高額療養費制度の改正
- 介護保険の1号保険料の低所得者軽減強化
- 介護保険保険者努力支援交付金

難病・小児慢性特定疾病への対応
- 難病・小児慢性特定疾病に係る公平かつ安定的な制度の運用等

　これらのうち、下線を引いた3つの箇所は、奈良県における社会保障改革で特に関連のある部分である。下線(a)はいわゆる地域医療構想であって、第8章で取り上げた南和地域の広域医療提供体制の再編成が該当する。下線(b)は、介護保険のあり方を検討する際に、あるべき介護給付のあり方を実現する方策として必要とされているものであり、奈良県でも、当初は、奈良モデルとして取り組まれてきた。下線

(c)は、平成30年度から実施された国民健康保険の改革として、都道府県が財政運営の責任主体となる制度の見直しに関連したものであり、奈良県では、平成25年12月のプログラム法で社会保障・税一体改革として方向性が定まる以前の奈良モデルの立ち上げの段階で、国民健康保険の運営を県に移管することを含めた検討が行われてきた。

　奈良モデルのなかには、国の制度改革に対して先駆的な取り組みが含まれているが、国民健康保険改革はその代表格である。国民健康保険は、一貫して市町村の事務とされてきた。そこには、市町村は、保健において重要な責務を担っており、保健と医療を一体的に行うことが、医療費の抑制へのインセンティブになるという観点があった。介護保険を導入する場合にも、市町村の事務とされたものも同様の理由であるといえる。

　ところが、近年のように、医療費の抑制を、地域医療構想などを通じて医療サービスの供給面での改革を通じて行うという流れになると、都道府県が医療費適正化の主役となる。その結果、地方分権の推進では基礎自治体中心主義が基本の考え方になるといいながら、国民健康保険においては都道府県の役割を大きく拡大する改革が実施されることとなった。その先触れとしては、後期高齢者医療制度の保険者を、都道府県ごとの広域連合としたことがある。国民健康保険における都道府県の役割が拡大すると、奈良モデルにおいて国民健康保険が主たる改革課題になることは自然な流れである。

2　奈良県における社会保障改革と奈良モデル

(1)　地域包括ケアシステムの推進

　奈良モデル22年報告は、73の検討課題のなかで国民健康保険をあ

げ、「市町村国保のあり方の検討の中で、全県的な将来推計、医療費分析等を実施。市町村国保の一元化・広域化を見据え、健康づくりの取り組み等を全県的に推進」とされている。このように国民健康保険改革は、奈良モデルの開始の当初から発想としてあった。一方、地域包括ケアシステムについては、奈良モデル22年報告は直接的には触れていない。

　ところが、平成24年3月5日に奈良県議会定例会では、荒井知事は、奈良モデルとして社会保障改革を進め、そのなかで地域包括ケアシステムの推進に力を入れたいという趣旨の答弁を行っている。

「奈良県におきましても、社会保障の充実を県内雇用の確保、県内経済の発展に結びつける奈良モデルの構築が必要と思うところでございます。〔中略〕本県では従来から後期高齢者医療広域連合と連携した健康長寿共同事業など、健康づくりの推進や、脳卒中地域連携パスの実施など、医療分野の広域連携の取り組みを進めております。今後は、特に地域包括ケアシステムの構築など、医療サービスと介護サービスの包括的提供に向けて、市町村とも協働して地域を軸とした社会保障システムの構築に向けての取り組みが重要と考えております。〔中略〕奈良モデルの社会保障改革については、まだ緒についたものでございますが、南和地域の新病院建設や、国民健康保険における標準保険率設定への取り組みなど、市町村との協働については芽が出てきております。さらに、社会保障の対象分野のうち参加保障と言われます分野を充実させて、働きたくても働けない、働きにくい方が働きやすくなる環境を整備する翼の社会保障と言われた分野の充実も重要だと思います。引き続きあるべき社会保障改革の姿について議論を深めながら、奈良県独自の取り組みを進めてまいりたいと思います。」

　地域包括ケアシステムの構築は、図表9-1の枠組みで進められている。図表9-1にあるように、連携の内容や方法は、「地域包括ケ

アシステムの構築を進める過程で、市町村の取組を支援するとともに、県が市町村と包括ケアのモデルとなるまちづくりを実践の場で学び、その手法を県内全域に広めて、地域包括ケアシステムの構築を目指す」というものである。

図表9−1　地域包括ケアシステムの構築

（2）社会保障分野の「奈良モデル」としての医療・介護分野一体の取組

〇地域包括ケアシステムの構築

発想の契機
- 地域包括ケアシステムは、県（医療分野の責任）と市町村（介護分野の責任）が連携して構築すべきものであるが、市町村においては、
  ① 地域包括ケアシステムの構築を進めるための組織や検討体制ができていない
  ② 医療・介護連携に向けて具体的に何をすれば良いのかわかりにくいこと等が課題。

連携の内容・方法
- 地域包括ケアシステムの構築を進める過程で、市町村の取組を支援するとともに、県が市町村と包括ケアのモデルとなるまちづくりを実践の場で学び、その手法を県内全域に広めて、地域包括ケアシステムの構築を目指す。
  〇 健康長寿まちづくりプロジェクトの実践（H25〜）
  〇 地域包括ケア推進室と保健所が連携して「地域包括ケア推進支援チーム」を編成し、市町村に、部局横断的な検討体制の立ち上げ等をきめ細かく支援（H26〜）
  〇 地域包括ケア推進基金を活用し、市町村の取組を財政的に支援（H26〜）
  〇 在宅医療・介護連携の推進
    ・モデルとなる圏域において市町村、病院、ケアマネジャーが協議を行い退院調整ルールを策定（H27〜）
    ・切れ目のない在宅医療と介護の提供体制の構築に取り組むモデル市町村を支援し、在宅医療・介護連携拠点を整備（H28〜）

成果
- 16市町村が、市町村長等をトップとする部局横断的組織や地域包括ケア担当部署の設置（H29年11月現在）、包括ケア全体構想の策定等、地域包括ケアシステムの構築に向けた取り組みが進んでいる。
- 東和医療圏（桜井市・宇陀市・川西町・三宅町・田原本町・曽爾村・御杖村）、橿原地域（橿原市・高取町・明日香村）にて退院調整ルールを運用中。
- 平成29年度は、西和7町の他、奈良市、大和郡山市及び生駒市が退院調整ルールの策定に取り組む。
- 天理市が天理地区医師会と連携し、在宅医療相談窓口の機能の充実及び主治医・副主治医制の体制を整備。

（出所）奈良県平成29年度第6回「地域フォーラム」（平成30年2月25日）の荒井知事の講演資料

⑵　国民健康保険制度見直しのスタート

　社会保障分野の奈良モデルでは、国民健康保険制度の見直しがもう1つの柱となっているが、そのキックオフに当たるのが、平成24年5月の奈良県・市町村長サミットである。そこで国民健康保険の県単位化をめざすことが提案されたが、その趣旨は「被保険者である県民目線に発って、保険料水準の地域差に関しては、「同じ所得・世帯構成であれば、県内どこに住んでも保険料水準が同じという理念を掲げてその水平的公平をめざしてきた」（奈良モデル29年報告）とされてい

る。県内保険料の統一は、その後、平成30年度から国民健康保険の財政運営の責任主体が都道府県に移った後も、奈良県のほか、大阪府など少数の府県しか目標としていない。克服すべき課題があまりに大きいからである。

　平成29年度第2回の奈良県・市町村長サミットに、県から提出された資料「社会保障の『奈良モデル』医療・介護の一体的取組に向けて」では、社会保障・税一体改革で進められる医療・介護に係る諸改革の進行スケジュールを踏まえて、その内容と実施時期の整合性を図りながら、奈良県において、国民健康保険料の統一をめざすとしている。

　同資料は、市町村が運営する国民健康保険には、次のような課題があるとしている。
- 低所得者の加入が多い
- （被用者保険に比較して）年齢構成が高く医療費水準が高い
- 人口減少で小規模保険者増
- 年齢構成や所得の地域差が大
- 医療給付費の地域差

(3)　社会保障分野の「奈良モデル」

　そこで、その解決には「地域の実情に即した制度設計にあわせて、県民の受益である地域医療の提供水準と県民負担の双方を俯瞰し、その量的・質的均衡を図る医療・介護分野一体の取組が必要」としている。その手法として、社会保障分野の「奈良モデル」の取り組みが不可欠であるとして、「県と市町村がより密接に連携し、地域の医療関係者など行政主体以外の活動主体との連携・協働を積極的に図る」としている。

　そこにあるように、医療機関の地域的分布によって医療給付費の地域差が大きいなどの現状を放置して、保険料の統一だけをすれば不公

平との批判を浴びるのは必然である。県が主導して、社会保障・税一体核の枠組みに乗りながら、医療・介護の分野を一体的に、サービスの提供と負担水準の両面について量的・質的均衡を図るように改革することが求められており、それを奈良モデルの枠組みのなかで実施するとしている。

　同資料は、「社会保障分野の「奈良モデル」の考え方」は、次の3点であるとしている。

①国民健康保険の対象にとどまらず県民医療全体を対象

・居宅、介護施設その他の病院・診療所以外の場所において提供される在宅医療等や介護サービスも一体的に対象とする

②県民・患者・利用者の視点に立つ

・量的に過不足のない医療・介護サービス体制の整備と負担面から求められる効率性の確保

・受益の均てん化と国保保険料負担の公平化を目指す

③客観的なデータによるエビデンスベーストの展開

・県によるデータの分析と公開

・国や関係者が保有するデータの積極的な提供・開示を求める

　具体的には、「医療費適正化の取組」「奈良県地域医療構想の取組」「国民健康保険の県単位化」の3つを連携させながら推進するとしている。医療費適正化を図るためには、「県民負担がいたずらに増大しないよう、効率的な医療提供体制の構築を含めた取組を進める必要がある」としている。

　平成29年度第3回の奈良県・市町村サミットに県が提出した資料「県と市町村の連携による医療・介護の一体的取組──『社会保障の奈良モデル』の具体提案」では、医療費の引き下げ等の実現につながる県から市町村への提案が示されている。そのなかのごく一例であるが、医療費適正化のために糖尿病性腎症重症化予防が必要であるとして、その実現のために、市町村の取組や県（保健所含む）、（仮称）国

保事務支援センター（平成30年度から）との連携として、以下の6点が提案されている。

①健診データ、治療データから地域課題の分析、対策方針（治療勧奨や保健指導などの立案〈センター、市町村〉

②糖尿病治療勧奨対象者、保健指導対象者の一斉抽出、プログラムへの参加が必要な者の名簿を作成し市町村へ提供〈センター〉

③地区医師会との連携のもと保健指導の実施、センターへ実績報告〈市町村〉

④プログラム参加者の状態変化等の検証、分析〈センター〉

⑤事業実施結果を関係者間で情報共有〈県、センター、市町村〉

⑥糖尿病予防・治療関係者（医師会、糖尿病対策推進会議）と連携し、プログラム推進を支援〈県〉

3 奈良県における国民健康保険の改革

　令和元年5月の財政制度等審議会地方公聴会において、荒井知事は、「奈良県における国保改革等の取組について〜県民の受益と負担の総合マネジメントの観点から〜」という資料を提出して、社会保障分野における奈良モデルの取り組みを、医療・介護の一体的改革における先進事例として紹介している。そこでは、国民健康保険の改革を中心に、その関連として医療費適正化に向けた組織体制の整備や、国保連合会の活用による県・市町村の一体的な実施体制の構築、地域医療構想の「奈良方式」などが紹介されている。

　図表9−2は、奈良県における国民健康保険の「県単位化」の取り組みを、国の動向と対比させて説明している。そこでは、国の制度改正と歩調を合わせてはいるが、どちらかといえば奈良県の方が、改革

図表9－2　国保県単位化のこれまでの取組

国保県単位化のこれまでの取組

小規模市町村が多い奈良県では、将来にわたって国保を安定運営するため、国の制度改正の動きが顕在化する前に全国に先駆けて、国民健康保険改革の検討をスタート。県内全市町村と丁寧に合意形成を図ってきた。

国に先駆けて実施 ⇦

年度	奈良県の取組状況	国の主な動向
H24	4月　保険財政共同安定化事業の対象拡大（本県独自） 5月　県・市町村単位化 　　　○「国保の県単位化」を目指すことを提案	4月　国民健康保険法　一部改正 　　　保険財政共同安定化事業の対象拡大（H27年度〜）
H25	10月　市町村アンケート調査 　　　【結果】広域連合設立（賛成4（10%））、 　　　H27年度からの標準保険料率化（賛成20（51%））	8月　社会保障制度改革国民会議報告書 12月　社会保障制度改革プログラム法　成立 　　　【関係条項抜粋】 　　　○国保の財政運営を始めとした、財政運営を始めとして、都道府県と市町村が適切に役割分担するために必要な方策を、H29年度までに順次講じる
H27	6月　県・市町村長サミット 　　　○H30年度からの県内で統一した標準保険料率導入を目指す方向で検討を続けることを確認 　　　○市町村事務の一部について、効率化の観点から共同化を検討することを確認	5月　国民健康保険法　一部改正 　　　○H30年度から、都道府県が財政運営の責任主体となり、安定的な財政運営や効率的な事業の確保等の国保運営に中心的な役割を担い、制度を安定化
H28	3月　市町村担当課長との検討WG・会議（5回実施） 　　　市町村長と全市町村との個別の意見交換（2回実施） 　　　○奈良県での国保県単位化（保険料水準統一）の方向性について、合意形成	※納付金の算定方法、激変緩和措置、公費のあり方等について、事務レベルWG等で国と地方とで協議を継続実施
H29	10月　市町村長との会議（3回実施） 　　　全市町村長との個別の意見交換（2回実施） 　　　○R6 年度の保険料水準の統一化とそれに伴う激変緩和措置の実施など、奈良県での国保県単位化の制度設計について、合意形成 10月下旬　国保運営方針案について市町村合意 11月　奈良県国民健康保険運営協議会（国保運営方針案を審議） 11月末　「奈良県国民健康保険運営方針」を策定（12月1日）　公表	7月　国保基盤強化協議会事務レベルWG 　　　○本県の要望活動等の結果、H30年度からの公費拡充分について、激変緩和を盛り込んだ保険料負担の増加抑制のための公費メニューの充実や都道府県・市町村の充実や運用の弾力化が図られた。

（出所）荒井正吾知事「奈良県における国政改革等の取組について～県民の受益と負担の総合マネジメントの観点から～」（令和元年5月13日、財政制度等審議会地方公聴会資料）

の具体化という意味で先行してきたことが主張されている。また、平成29年7月には、奈良県からの要望活動等の結果として、「平成30年度からの公費拡充分について、激変緩和を含めた保険料負担の増加抑制のための公費メニューの充実や都道府県における運用の弾力化が図られた」とあり、先行する団体として制度のあり方について説得力を持って実績を誇っている。

　図表9－2にあるように、奈良県では、国民健康保険の財政運営の責任主体を都道府県に移行する平成30年度からの改革の直前に当たる、29年10月の市町村長会議において、「令和6年度の保険料水準の統一化とそれに伴う激変緩和措置の実施など、奈良県での国保県単位化の制度設計について、合意形成」している。保険料の統一化は、国民健康保険改革の趣旨からするとあるべき姿ではあるが、全都道府県にそれを要請するのは難しいところがある。奈良県は、改革の趣旨に基づいて、受益と負担の総合的なマネジメントをするからこそ、実現が可能であるといえる。

　図表9－3は、国民健康保険にかかる受益と負担の総合的マネジメントを、どのように図っていくかを示したものである。県内保険料の統一をする令和6年度の時点で、県民の受益と県民の負担とあるが、簡単にいえば、国保財政が均衡するように保険料を設定したうえで、それが均衡しない場合に、どのように対応するかが、図表9－3の下半分で示されている。地方公聴会当日の荒井知事の発言の口述記録では、当該箇所は、次のように説明されている。

「受益と負担が均衡しない場合、2つのケースがございますが、医療費受益のほうが負担の割合よりも多い場合、これは国においては今財政で説明されたとおりでございます。それをどのようにするかというオプションでございますが、赤字補填の法定外繰入れはその場合もしない、事後補填はしない、決算後補填はしないというふうに考えております。そういたしますと、保険料負担の引き上げか、支

図表９－３　奈良県による県民の受益と負担の総合的マネジメント

奈良県による県民の受益と負担の総合的マネジメント（国保）

A　県民の受益（R6年度見込み）

| 奈良県の国保の医療費総額（支払い診療報酬総額等）
1,177億円
<small>（第3期医療費適正化計画上のR5年度医療費目標4,813億円の内数を延伸）</small> |

○医療費適正化の推進
○国保事務支援センターの設置
○国保事務共同化の推進

均衡

B　県民の負担（R6年度見込み）

| 保険料による負担　　　　218億円
受診時の自己負担　　　　200億円
公費による負担（法定内繰入）319億円
前期高齢者交付金　　　　440億円 |

「同じ所得・世帯構成であれば、県内のどこに住んでも保険料水準が同じ」
　　R6年度保険料水準
　　県民一人あたり　71,158円
　　<small>（介護保険及び後期高齢者医療への納付金を含めれば113,736円）</small>

A受益とB負担が均衡しない場合

R6年度医療費が見込み(1,177億円)を超過する場合　（A＞B）

選択肢
①赤字補填（法定外繰入等）⇒不可
②保険料による負担総額の引上げ⇒統一保険料水準の更なる引き上げ
③支払い診療報酬総額の引下げ⇒高齢者の医療の確保に関する法律の規定による権能の行使（地域別診療報酬の活用）

R6年度医療費が見込み(1,177億円)を下回る場合　（A＜B）

選択肢
①将来の医療費増に備えた基金積立て
②保険料による負担総額の引下げ⇒統一保険料水準の引下げ
③支払い診療報酬総額の引上げ⇒高齢者の医療の確保に関する法律の規定による権能の行使（地域別診療報酬の活用）

当該マネジメントに当たっては、医療機関の経営状況を適切に勘案
（医療提供者が全体として効率的な医療提供を行うのであれば、地域の医療費に特異な増嵩が生じない限り、地域別診療報酬は引き下げない）

（出所）荒井正吾知事「奈良県における国保改革等の取組について～県民の受益と負担の総合マネジメントの観点から～」（令和元年５月13日、財政制度等審議会地方公聴会資料）

払い診療報酬総額の引き下げかというふうに理論的になるわけでございます。県民の負担のほうが医療費を上回る場合、これは余りが出ますので、将来の医療費増に備えた基金の積み立てか、保険料による総額負担の引き下げか、支払い診療報酬の引き上げかというふうなハッピーエンドになるわけでございます。このようなことを発表しますと、地域診療報酬の引き下げがあり得るということを申したわけでございますが、医師会が反発しまして、そこで選挙もありますのでこのような文書を約束いたしまして、医療提供者が全体として効率的な医療提供を行うのであれば、地域の医療費に特異な増嵩が生じない限り、地域別診療報酬は引き下げないということを私は文章で書いたわけでございます。これは前から言っていることを

文章にしたわけでございます。誤解があった面がございますが、医師会は納得されて、これでやってくださいと。そこで議論をしてわかったことは、個別の医療行為じゃなしに全体として保険でございますので、特異な増嵩があると困るねということと、特異な増嵩というのはまだわからないんですけど、どんなものがあるのかと。このようにトレンドに沿って伸ばすのはいいということでございますが、特異な増嵩というのは色々なケースがあろうかと思いますが、意図的な増加というようなことはめったにないことでございますが、そのようなことも考えられます。その地域別診療報酬は、医師会の方が言っておられましたが、「伝家の宝刀ですね。刀を用意するのはいいですけども、めったに抜かないでくださいね。床の間に飾ってくださいね」というふうにおっしゃっていますので、非常に真剣にこの医療費適正化を考えていただけるような気配ですので、時々床の間に手をかけるような格好をするわけですね。場合によっては抜きますよというような格好だけするんですけども、いやいや、そういうことはまねでもやめてくださいと、こういうような感じでございますので、めったに抜かないと思いますけれども、理屈としてそのようなことがあると。顛末でございます。」

さらに、図表9－4は、「奈良県における保険料水準の統一を通じた県民の受益と負担の関係の「見える化」の取組」とあるように、国民健康保険の保険料統一まで間を激変緩和措置期間として、スムーズな移行を図るために、県内市町村が歩調を合わせるために行うべきことなどが示されている。そこでは、国の公費を有効活用し法定外繰入れ等の解消を市町村ごとに実施しながら、「各市町村が、県と協議のうえ保険料改定の方針を策定(実際の保険料水準ベースで合意形成)」とある。荒井知事の口述記録では、「市町村と協議をして保険料改定の方針を策定しよう。これが「奈良モデル」的であるわけでございます」と述べられている。

図表9－4　奈良県における保険料水準の統一を通じた県民の受益と負担の関係の
「見える化」の取組

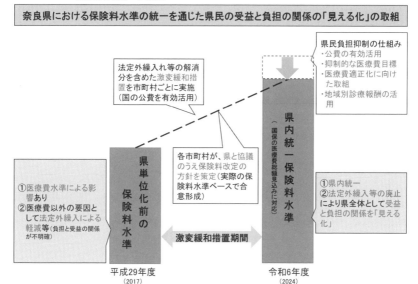

（出所）荒井正吾知事「奈良県における国保改革等の取組について〜県民の受益と負担
　　　の総合マネジメントの観点から〜」（令和元年5月13日、財政制度等審議会地
　　　方公聴会資料）

　すなわち、この激変緩和措置期間に、市町村がそれぞれ国保財政運
営の適正化に努めることが、県内統一保険料水準が実現する前提条件
となる。しかし、そのことは、現実には容易なことではない。奈良県
でそれが可能だとすれば、県と市町村の意思疎通が、奈良モデルの長
年の運営のなかでできており、信頼関係が築かれていることが、大き
くものを言ったことになる。多くの他の都道府県が踏み出せない国民
健康保険の県内統一を実現することは、奈良モデルのこれまでの積み
重ねの集大成といえる。

第10章

広域消防など「共同」の取り組み

消防の広域化

　第６章から奈良モデルの具体的な事例を挙げてきたが、それ以外にも、奈良モデルは多くの分野で展開され、具体的な成果をあげている。まず、比較的早くに成果をあげた例として消防がある。消防の広域化は、奈良モデルの展開に先立って、平成18年に消防組織法の改正を通じて行われている。改正を受けて示された「市町村の消防の広域化に関する基本指針」（平成18年消防庁告示第33号）の中で、「これからの消防に求められる消防力、組織体制、財政規模等に鑑みると、管轄人口の観点から言えばおおむね三十万以上の規模を一つの目標とすることが適当である」との目安が盛り込まれた。それを受けて、奈良県でも広域化の検討が進められた。

　荒井県政２年目の平成20年３月には、県は県内全市町村が参加する全県１消防本部体制をめざし、「奈良県市町村消防の広域化推進計画」を策定し、21年４月には県内全市町村がメンバーである「奈良県消防広域化協議会」が設立されている。同協議会に、知事や副知事などが出席して調整役となったほか、県単独の広域化に向けた財政支援を提示するなど広域化への支援を行っている。

　平成26年４月１日に奈良県広域消防組合が発足している（それまで11消防本部（奈良市・生駒市を除く37市町村の消防本部）であった）。平成26年４月に総務部門が統合し、28年４月に通信部門が統合され、令和３年度に現場部門の統合がめざされている。広域化で期待される効果としては、消防力の効果として、

- 現場要員の増強→通信統合で、現場要員55名増加
- 救助体制の充実・強化→政令市並の高度救助隊の新設
- 消防救急体制の充実・強化→火災出動時の消防車両の増強、直近の

消防署からの出動等による現場到着時間の短縮等
があり、また、スケールメリットによる財政的効果としては、

- 経費削減（約45.1億円）→高機能消防指令センターの整備、高規格
　救急車の一括購入等

があるとされている。

2 ごみ処理の広域化

　人口減少時代にあって、廃棄物処理施設の更新は、頭が痛い問題である。奈良モデル29年報告では、次のように記述されている。奈良モデル検討の初期段階から、切実な課題として検討がされていたことが読み取られる。

　奈良県内の約8割のごみ処理施設が建設から約20年以上経過しており、老朽化に伴う施設更新等が必要な状況である。また、処理人口5万人未満の小規模施設が約7割（17施設／25施設）を占める状況において、施設更新を契機とする広域化への対応が喫緊の課題であった。この課題解決に向け、平成22年度から、「奈良県・市町村長サミット」（「奈良モデル」検討会）の場で、各市町村の現状・課題等を共有しながら、広域化の効果・必要性の認識を深めていった。

　奈良県・市町村長サミットでは、県・市町村の担当課長で構成する循環型社会推進「奈良モデル・プロジェクト会議」の検討状況が、10回以上も報告されている。それを通じて、奈良モデルの手法による、ごみ処理の広域化の推進がされたことを示している。県は技術的支援を行うだけでなく、ごみ処理施設の整備に必要な財源への支援を、奈良モデルの財政支援（市町村公債費のうち、起債償還額から普通交付税でカバーされる部分を差し引いた額の4分の1を県が補助）によっ

て行うこととしている。

　広域化の推進では、ごみ処理のための一部事務組合を設立するだけでなく、ごみ処理施設数を減少させる必要がある。以上のような検討を経て、当初は25施設であったが、五條市、御所市、田原本町で構成された「やまと広域環境衛生事務組合」（平成24年8月設立）が3施設を1施設に統合したことで、23施設となり、新たな広域化によって将来は14施設になることが想定されている。

3 移動ニーズに応じた交通サービス

　人口減少時代の深刻な課題の1つに公共交通手段の確保がある。奈良県でも中山間地域を中心に、切実な問題となっている。図表10－1にあるように、移動ニーズに応じた交通サービスの確保が奈良モデルの枠組みで検討されることになったのは、平成24年10月にあった、バス事業者から、中南和地域の25路線45系統について廃止・縮減等の協議の申し入れがあったことに端を発する。それを受けて、「県では、より広域的な観点から、公共交通ネットワーク確保に向けて、県、市町村、交通事業者等が総力を結集して取り組んでいく必要があると考え、知事が会長を務め、県内全市町村長、交通事業者代表等からなる新たな体制による「奈良県地域交通改善協議会」を設立した（平成25年2月）」（奈良モデル29年報告）。

　奈良県地域交通改善協議会では、図表10－1で「移動ニーズに応じた交通サービスを実現するため、客観的な指標（バスカルテ）を活用しながら、個別の路線ごとに運行形態のあり方等を関係者間で協議」「ルートやダイヤの改善等を行い、関係者の合意の下、上記の25路線45系統についての協議が完了したことを確認（平成26年9月）」とあ

図表10-1 移動ニーズに応じた交通サービス

6 移動ニーズに応じた交通サービスの実現を目指しています。

> 公共交通の維持・確保、平成28年3月に策定した「奈良県公共交通基本計画」及び「奈良県地域公共交通網形成計画」に基づき、県、市町村、交通事業者等が連携・協働して移動ニーズに応じた交通サービスを実現させる。

取組状況

1. 奈良県地域交通改善協議会
県、市町村、交通事業者等で構成された奈良県地域交通改善協議会を開催し、関係者が連携・協働して、交通サービスの維持・確保・改善に向けた取組を推進しています。

2. 路線バス、コミュニティバス等への支援
市町村を跨ぐ基幹的なバス路線及び市町村等が運営するコミュニティバス等に対して支援を実施しています。

3. 新たな交通サービスの実現
「貨客混載(路線バスを活用した貨物運送)」、「サイクルバス(路線バスへの自転車の積載)」に関する社会実験を実施しています。

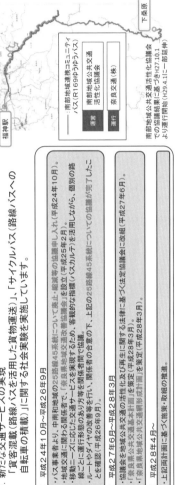

地域交通改善協議会での検討状況

日本一長いコミュニティバス

福神駅

下桜原

南部地域連携コミュニティバス(R169ゆうゆうバス)

| 運営 | 南部地域公共交通活性化協議会 |
| 運行 | 奈良交通(株) |

南部地域公共交通活性化協議会での協議結果に基づき平成27.10.1より運行開始(H29.4.1に一部延伸)

これまでの経緯

Ⅰ 平成24年10月~平成26年9月
・バス事業者より、中南和地域の25路線45系統について廃止・縮減等の協議申し入れ(平成24年10月)。
・地域交通に関わる関係者が「奈良県地域交通改善協議会」を設立(平成25年2月)。
・移動ニーズに応じた交通を実現するため、客観的な指標(バスカルテ)を活用しながら、個別の路線ごとに運行形態のあり方等を関係者間で協議。
・ルートやダイヤの改善等を行い、関係者の合意の下、上記の25路線45系統について協議が完了したことを確認(平成26年9月)。

Ⅱ 平成27年6月~平成28年3月
・協議会を地域公共交通の活性化及び再生に関する法律に基づく法定協議会に改組(平成27年6月)。
・「奈良県公共交通基本計画」を策定(平成28年3月)。
・「奈良県地域公共交通網形成計画」を策定(平成28年3月)。

Ⅲ 平成28年4月~
・上記両計画に基づく施策・取組の推進。

(出所)奈良県平成29年度第6回「地域フォーラム」(平成30年2月25日)の荒井知事の講演資料

るように、具体的な取り組みが実質的に検討されている。ここでも、奈良モデルの特徴である、県が客観的なデータを示し、エビデンス・ベースでの検討を深める考え方が活かされている。

　「そのような協議手法をとった効果として、奈良モデル29年報告は、次のように評価している。

　　この協議方法によって、より積極的な改善策の提案がなされるようになった。協議の場では、安易に赤字補填、あるいは路線廃止という議論をするのではなく、新しいニーズを取り込めないか等の工夫を、県はもちろんのこと、市町村や交通事業者からも引き出すよう運営している。例えば、観光という観点から地域で連携して乗客の掘り起こしができないか、コミュニティバスと路線バスが重複している場合の整理の必要性、より乗客に便利で利用が見込めるルート変更の可能性について等、積極的な議論が展開されている。」

　また、県は、市町村連携による移動ニーズに応じた交通サービスの実現を支援するために、次のような財政支援を用意している。

＊奈良県基幹公共交通ネットワーク確保事業補助金

　複数市町村にまたがり、通院や通学といった移動目的ごとの交通特性に応じ運行される基幹的な乗合バス（事業者運行）を代替して運行する市町村連携コミュニティバスの運行費の一部を補助

＊安心して暮らせる地域公共交通確保事業補助金

　市町村による効率的な運行の実施やまちづくりと一体となった公共交通の実現に向けた取組に要する経費の一部を補助

　図表10-1では、取り組みの状況として、「2．路線バス、コミュニティバス等への支援」として「市町村を跨ぐ基幹的なバス路線及び市町村等が運営するコミュニティバス等に対して支援を実施しています」とあるが、それが具体化した例としては、日本一長いコミュニティバスが実現したことをあげている。それは、奈良県地域交通改善協議会での検討を経て、「2町3村（大淀町、吉野町、下北山村、上

北山村、川上村）が連携し、南部地域公共交通活性化協議会を設立した。平成27年10月より、奈良交通株式会社が運行する路線を代替する形で、南部地域連携コミュニティバスの運行を開始した」（奈良モデル29年報告）というものである。

　もう１つの具体的な成果として、「平成29年10月には、１市２村（宇陀市、曽爾村、御杖村）が、榛原駅から曽爾村役場までを結ぶ市町村連携コミュニティバス「奥宇陀わくわくバス」の運行が開始しました。「奥宇陀わくわくバス」は、元は奈良交通の路線でしたが、利用者が年々減少しており、利用促進の取組などを行ってきたものの、十分な改善には至りませんでした。そこで、市町村連携コミュニティバスに転換し、貨客混載※の取組を導入したり、ダイヤを見直したりすることで、運行を効率化し、公共交通の確保を目指すこととしました」（『奈良モデルジャーナル』vol.3、平成29年12月）というものがある。

　それに対して、地元の宇陀市長は「路線バス奥宇陀線が平成29年10月１日よりコミュニティバス（奥宇陀わくわくバス）として生まれ変わりました。利用者の意見を盛り込んだダイヤ改正や新たな取り組みとして、貨客混載社会実験を実施する等、現状を維持するのではなく、自ら利益を計上する仕組みをつくり、さらなる公共交通の発展・充実を目指しております」というコメントを寄せている（『奈良モデルジャーナル』vol.3）。

※貨客混載とは、バスに貨物を積載し、１台のバスで人とモノを同時に運ぶ取組を指す。

4 情報システムの共同化

　情報システムの共同化は、自治体間の事務の効率化を進める際に、もっとも効果が期待される分野の一つである。基幹システムのクラウド化によって共同化するメリットは、システム導入・維持管理の直接的なコストの削減効果のほかに、システムの管理・運用に必要な人員や業務の負担軽減や、人材不足への対応などが期待される。また、専門性の高い業者への委託によって、セキュリティの確保や、災害時への対応などが確保される効果もある。

　奈良県内で先行した取り組みである、香芝市、葛城市、川西町、田原本町、上牧町、広陵町、河合町の7市町による基幹システムのクラウド化では、単独でシステムを維持したときに比較した共同化による費用削減効果は56％と見込まれている。

5 新たなパーソナルマネジメントの構築

　人口減少社会では、公務員のなり手の確保も重要な課題である。それに関して、奈良モデルの枠組みを活かして、これまで次のような取り組みが進められてきた。

①市町村との採用共同試験の実施

　希望する市町村と土木技術職員の採用試験を共同実施

②市町村との人事交流

　県から市町村への派遣では、不足している土木、保健師等の技術職員で支援

③市町村の人材育成支援

市町村職員を県で受け入れる実務研修員制度、県と市町村が相互に職員を派遣し研修を行う相互派遣研修制度、能力開発研修における合同研修、統計研修を実施

6 共同化の推進

　奈良モデルは、初期の立ち上げ時で一定の成果をあげたことから、さらに多様な分野に進化（深化）し、連携・協働を一層推進するとされている。その具体的な取り組みとしては、既述の「県域水道ファシリティマネジメント」「県と市町村の連携・協働によるまちづくり」「社会保障分野の奈良モデル」がある。以下、一定の検討が進んでいる例として「共同化の推進」のほか、そのあり方について検討が進んでいる途上の取り組みとして「少子化の克服」や「森林管理システムの構築」について紹介する。

　共同化の推進とは、奈良モデルが、市町村合併が進まなかった県における行政体制整備の課題であるという原点に立ち返った取り組みである。その趣旨は、「行財政運営の効率化に資すると考えられる市町村運営の基礎となる分野（定型的業務・庶務的業務、公共施設等の管理）における事務・行政サービスの共同化や、小規模な市町村における専門的な知識等を必要とする業務に従事する人材の確保・育成についても、県が積極的に関与・調整していく」（奈良モデル29年報告）ことである。

　また、奈良モデル29年報告では、持続可能で効率的な行政サービスの確保のための手法は次の２つであると整理されている。
＊民間との連携・協働の取組のひとつとして、複数の市町村が共同で

事務・行政サービスをアウトソースすることにより、スケールメリットを活かして、事務・行政サービス等にかかる経費を削減する取組

＊県域で人材を育成し、組織運営に活用するパーソネルマネジメントの観点から、専門人材を共同で確保する取組

　これら２つのうち、１つめを「共同アウトソース」、２つめを「専門人材の共同確保」と呼ぶとすると、図表10－２は、それぞれおよびその両方が当てはまる条件と具体例を整理している。共同アウトソースの委託先には、水平連携の場合には一部事務組合、協議会、民間事業者、地方独立行政法人などが考えられる。

　図表10－２は、奈良モデルとしてそれまで取り組んできた事例を当てはめて類型化している。そこでは、奈良モデルの基本となる考え方を「共同化」として概念を整理することで、今後の取り組みの進化

図表10－２　市町村の事務・行政サービス等のイメージ

Ⅰ：小規模な市町村等において、単独でのアウトソースでは事務量が少なく、スケールメリットが発生しないが、共同アウトソースにより、サービスの質を落とさずコスト削減を図れる場合や単独市町村では事業実施が困難な場合＝A	Ⅱ：職員が複数の業務を兼務している小規模な市町村等において、単独では専門人材を確保できないが、市町村間連携又は県との協働により市町村の人材を確保することが可能な場合＝C
共同アウトソース	専門人材の共同確保
＜取組事例＞ ・市町村管理の橋梁等点検業務の一括発注 ・コミュニティバスの共同運行　　等	＜取組事例＞ ・消費生活相談窓口の共同設置 ・へき地における教員の共同設置 ・土木職員の採用共同試験の実施

ⅠかつⅡの場合＝B
＜取組事例＞
・自治体クラウド(情報システムの共同化)

（出所）『「奈良モデル」のあり方検討委員会報告書　概要版』（平成29年３月）

（深化）につなげていく姿勢を示している。

　なお、奈良モデル29年報告は、共同化の取り組みを今後広げていくうえでの方策について考察している。共同アウトソースの受け皿については、地方独立行政法人が有力であるとしながらも、地方独立行政法人法第21条で認められている業務の範囲が狭いほかや、規定が不備であって実施できない分野があるなど、活動範囲を拡大するための法改正を求めている。また、公立幼稚園等の管理運営についても、学校教育法第５条が定める設置者管理主義によってアウトソースができない状況にある。それについても法改正を求めている。

7　少子化の克服

　具体例の最後に、共同化の文脈で、奈良モデルの取り組みが多くの分野で進行中であることを示すために、まだ、確実な成果にはなっていないが、県から市町村長に問題提起されているテーマの例示として、令和元年度の奈良県・市町村長サミットで議題となった「少子化の克服」と「森林環境管理制度」の２つを取り上げる。

　令和元年８月26日に開催された第２回サミットでは、「地域差から考える少子化克服の課題」がテーマとなっている。県から示された資料では、少子化を引き起こしている要因に関する仮説をもとに、出生率の地域差がその仮説によって説明できるかについてデータを使って検証し、その分析結果を図表10－３のように整理している。

　そのうえで、出席している市町村長に対して、「少子化の要因は特定することが難しく、少子化克服のために取り組むべき課題は多岐にわたると言われておりますので、さまざまな観点から知恵を出し合って、議論することが必要と考えております。この後、少子化の要因と

子育ての支え

I 「少子化に関するデータ」⑮
社会的なつながりと合計特殊出生率の相関〈都道府県別〉

○ 社会的なつながりがあるいは豊かな人間関係と捉えられているソーシャルキャピタルの統合指標（つきあい・交流、地縁的活動・ボランティア活動等を統合した指標）と合計特殊出生率の相関を見ると、ソーシャルキャピタルが豊かな地域は、合計特殊出生率が高い傾向（かなりの正の相関）。
○ 奈良県は、全国で最もソーシャルキャピタルの統合指数が低い。

（縦）都道府県別合計特殊出生率と（横）ソーシャル・キャピタル統合指数の相関関係

相関係数 0.61

都道府県名	H14年 ソーシャル・キャピタル総合指数	順位(降順)	H14年 合計特殊出生率	順位(降順)
全国			1.32	
島根県	1.79	1位	1.52	6位
山梨県	1.31	2位	1.52	3位
宮崎県	1.17	3位	1.56	3位
山口県	0.61	4位	1.39	25位
長野県	0.61	5位	1.38	13位
秋田県	0.60	6位	1.47	30位
富山県	0.55	7位	1.37	30位
佐賀県	0.53	8位	1.56	3位
鹿児島県	0.53	9位	1.56	14位
岐阜県	0.40	10位	1.46	14位
福島県	0.40	11位	1.42	16位
鳥取県	0.38	12位	1.48	12位
香川県	0.32	13位	1.57	2位
愛媛県	0.30	14位	1.52	6位
石川県	0.29	15位	1.35	33位
山形県	0.28	17位	1.37	30位
茨城県	0.25	19位	1.41	17位
福井県	0.21	20位	1.50	8位
新潟県	0.20	21位	1.38	26位
三重県	0.15	22位	1.51	8位
静岡県	0.10	23位	1.23	15位
岩手県	0.09	24位	1.44	23位
滋賀県	0.08	25位	1.41	17位
京都府	0.05	26位	1.17	46位
青森県	▲0.13	29位	1.54	5位
徳島県	▲0.17	29位	1.38	32位
群馬県	▲0.25	30位	1.41	19位
広島県	▲0.34	31位	1.29	24位
栃木県	▲0.44	33位	1.38	38位
福岡県	▲0.54	34位	1.40	19位
和歌山県	▲0.55	35位	1.35	33位
北海道	▲0.61	37位	1.40	42位
熊本県	▲0.62	38位	1.22	41位
愛知県	▲0.65	40位	1.24	35位
千葉県	▲0.65	40位	1.34	39位
長崎県	▲0.73	42位	1.38	43位
兵庫県	▲0.80	44位	1.43	42位
神奈川県	▲0.87	44位	1.22	42位
大阪府	▲0.93	45位	1.22	47位
東京都	▲1.00	46位	1.02	47位
奈良県	▲1.03	47位	1.21	45位

H14年ソーシャル・キャピタル統合指数の出典
内閣府「ソーシャル・キャピタル調査」

（出所）奈良県・市町村長サミット、令和元年度第2回の資料I

どうすれば奈良県の少子化を克服できるのか、取り組むべき課題について、各市町村様に作成していただいた資料もご参考にしていただき、意見交換のほど、よろしくお願いいたします」と投げかけ、市町村長と県の幹部によるグループワークに移っている。

　このような問題提起の仕方そのものが奈良モデルといえる。県として結論に至っていない課題を市町村長に投げかけ、ともに勉強して、課題克服に向けての取り組みを進めていこうとする姿勢は、これまでの奈良県・市町村長サミットの継続開催という積み上げがあったからこそ受け入れられるものである。市町村長は熱心に議論を重ね、島状に配置されたテーブルごとに、市町村長の誰かが議論を総括する発表を行っている。市町村長からすると、学生のような扱いをされることに不満を持ってもおかしくないところであるが、発言内容を見ると、意見交換を通じて、さまざまな気づきがあるだけでなく、市町村との横の連携や県の支援を受けて課題克服に努めることが具体的にイメージできる場として、その場の意義を十分に感じている様子がうかがえる。

8　森林環境管理制度

　ついで、令和元年度第3回の同サミットでは、「新たな森林環境管理制度の導入について」「大和川流域総合治水対策のグレードアップに向けて」がテーマとなっている。前者は、奈良県が条例によって導入する新たな森林環境管理制度について、後者は防災対策として大和川の治水についての説明である。いずれも大きな課題であり、県と市町村が一体的に取り組むことが求められている。

　意見交換では、市町村長を、地域的な関心の強さに応じて、それぞ

れのテーマに振り分けている。新たな森林環境管理制度についての県からの説明では、最初に、意見交換の目的として、以下の3点を示している。

- 新たな森林環境管理制度の導入について今年度、「（仮称）奈良県森林環境の維持向上により森林と人との恒久的な共生を図る条例（案）」と「（仮称）奈良県フォレスト・アカデミー条例（案）」を議会に上程予定。
- 令和2年度には、条例に基づく新たな業務を開始するとともに、市町村からの事務の委託に向けた協議を始める。
- この機会に、新たな森林環境管理制度における県と市町村の連携内容について議論し、円滑な制度導入につなげる。

このように奈良県が今後取り組みを予定している内容について説明した後に、意見交換として、次の論点を提示している。

論点①　森林に関する市町村行政との連携
- 森林管理に関する行政権限の多くが市町村にあるが、市町村にはその専門的な知識を持つ人材がほとんど存在していないということが課題としてあげられる。
- また、伐採届については、届出内容どおりに実施されない状況が放置されるなど、その形骸化が全国で指摘されている。
- 本県では（仮称）奈良県フォレスターによる森林管理を目指しており、その第一歩として、伐採届に関する事務の委託を市町村から受けることを計画している。
- さらに、（仮称）奈良県フォレスターの人数が増加するのに伴い、森林経営管理法に規定の業務など、委託範囲を順次拡大していく予定である。
  →森林に関する市町村行政の課題や、県との連携方法に関する意見をお願いします。

論点② （仮称）奈良県フォレスターに希望する業務の内容
・（仮称）奈良県フォレスターは、担当する地域の行政権限に関する業
　務を行うだけではなく、今回条例で規定する森林の４機能を最大限
　に発揮させる森林管理を通じて、地域の活性化を担う人材としてい
　きたいと考えている。
・また、森林のない市町村においても、森林環境教育及び木育等を行
　うことができると考えている。
　→行政権限に関する業務の実施以外に、どのような役割を（仮称）
　　奈良県フォレスターに期待しますか。

　このように、県が具体的に市町村長に考えてほしい項目を示し、意
見交換に入っている。30分程度の意見交換の場で、多くの市町村長に
とって初見の資料でもあるので、技術的に深い議論をすることはでき
ないにしても、そのような問題があることを市町村長が認識する意味
は大きい。また、議論の各テーブルには、説明役の県の幹部が配置さ
れていて、市町村長からの懸念事項や疑問を直接ぶつけて、回答を求
める場があることが、効用としては大きい。市町村長自ら県の担当者
に対して、県の姿勢を質し、不信感を払拭できる場はそれほどないか
らである。終了後の市町村長の発言のなかには、次のようなくだりも
あった。

「（その市町村長が属したテーブルでは）**県の幹部の方のご説明が**
　しっかりされておりましたので、概ねこの制度についての御理解は
　いただけて、そして御一緒になっていくことについて、市町村長の
　皆様、御理解をしっかりいただいたのかなというふうに思っており
　ます（高見省次宇陀市長（当時）の発言の一部）」

　奈良モデルとは、それぞれ自立した存在でありながら、県と市町村
が一体になって、連携と協働で地域の課題を解決していくことであ
る。奈良県・市町村長サミットが発足して12年目の到達点が、高見市
長の発言に示されている。

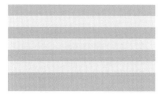

第11章

知事、市町村長、県職員に聞く、
奈良モデルを支えるもの

荒井正吾知事に聞く

本章は、奈良モデルの形成に関わってきた当事者への筆者のインタビュー等をもとに構成したものである。まずは荒井正吾奈良県知事からである。いうまでもなく、奈良モデルは、荒井知事というユニークな政治手法を持った政治家がいなければ成立しなかった。

本書では、第1部において、奈良モデルが、今日までの地方分権の文脈においてどのように位置づけられるのかについて説き起こした。荒井知事がもっとも意識しておられるのがその点である。すなわち、奈良モデルとは、荒井知事にとって、自らがめざす地方分権国家の実現であると思いを込めて語っている。そこでは、明治期に憲法に先だって地方自治制度の確立を主張したドイツの公法学者であるアルベルト・モッセを引きながら、モッセ流の地方分権国家になっておれば、これまでの歴史はもっとよい方向に変わったであろうと述べ、今日のグローバル化した社会のなかで、地方分権が重要であることを強調している。

そして、奈良県において、その地方分権の枠組みを実質的に構築するには、県が徹底的に市町村を下支えする奈良モデルしかなく、人口減少が著しい県では、かたちは多少変わっても、このモデルしかないはずだと断言している。荒井流の地方分権は、筆者からすると、きわめて正論という印象だが、第1部で述べたように、いまどきの地方分権改革とは路線が違っていた。地方制度調査会の議論を見ても、第30次や第31次の段階では、奈良モデルは「異端」は言い過ぎでも、王道という印象はない。ところが、2040年を先取りして発想するとした第32次になると、奈良モデルは一つの有り様であるという位置づけに変わっている印象がある。それは、奈良県の特に吉野郡が、2040年にお

ける都市圏でない地域の姿を先取りしているからともいえる。

　第1部で、市町村間の水平連携と都道府県による市町村への補完・支援は、ポスト平成の合併として、とりわけ重要性を持ってきたことを示したが、荒井知事が初当選した平成19年の統一地方選挙の時点では、平成の合併を推進する期間は終わっていて、奈良県では、その候補団体も乏しかったことから、広域連携に舵を切っている。市町村合併と連携との関係では、荒井知事は次のように話している。

「**県と市町村の連携協働では、市町村合併の方向が出てくると、うまく機能しなくなる。奈良の場合、南和では市町村の規模が小さいから、病院の例であったんですけども、県が一緒に入ると連携に弾みがつきます。1つの県のなかでも都市圏とそうでないところで、行政手法が違ってくると思います。中心都市があれば、合併という手法がありますが、南和が典型ですが、人口基準では十分、市になれても、ガバメントとして成り立たない。すると、テーマごとの広域連合とか、連携・協働が大切となって、そこに県が入らないと回らないという感じはします。南和のみなさんの政治意識は、県政をよく見ておられて、県に頑張れよと言ってくださいます。**」

　第32次地方制度調査会の答申は、核となる都市が多くある都市圏とそれがない中山間地域では、行政体制のあり方は変わるとしているところが特徴的である。荒井知事は、それに呼応するように、市町村合併がちらついてしまうと連携が途端に動かなくなるという実感を述べている。市町村合併の可能性がないと衆目が一致する場合には、むしろ県が調整役なりプレーヤーとして出て行く方がうまく回っていくというわけである。

　水平連携の調整役と垂直補完でのプレーヤーの両方を県が担うことを、荒井知事はサッカーのミッドフィルダーに例えて次のように話している。

「**市町村にはそれぞれ誇りがありますから、県と市町村との関係で**

は、県は上からじゃなくて、下から支えるという機能を果たした方がいいかと、心底、そう思っています。むしろ市町村があって、国があって、その支えのところに県がいる。サッカーでいうと、市町村がフォワードで、フォワードが自立して走り出して、そこに球を送るのが県の役割です。

（リーディングプロジェクトを県が企画して市町村に呼びかけたとしても）市町村長の誰かが賛同してくれないと支える対象がいないわけで、誰もいないとなると、自分でやろうかと。サッカーで言えば、ミッドフィルダーだけど、フォワードがいないと、自分で走ってドリブルして点数を入れるといったような手法ですね。自分でドリブルして、周り見ながらパスを渡して、またもらって進むという戦法も必要かと思います。」

県が市町村支援と直接執行を、状況に応じて使い分けるというのは、きわめて望ましいことであるが、そこでは県の判断が基本的に正しいことが前提になっている。独裁者のような県知事が、めがね違いで方向性を見失った政策を主張して、市町村長との間で大きな溝ができるようになると、このモデルには障害が大きい。奈良モデルが、時と場所を越えて、最も優れているとはいいがたい理由は、ひとえにそこにある。その点を補うためか、荒井知事が、統計重視の姿勢で、数字をあげて政策議論をするように指示し、市町村に政策の必要性を説明するときも、客観的データでエビデンスを示せといっている。

奈良モデルの取り組みが、奈良県ではそれまでのベースがなく、荒井知事誕生によって生じた突然変異であったことや、奈良県・市町村長サミットで意思疎通を図るという手法に至ったことについては、次のように述べている。

「（奈良県・市町村長サミットを始めたときを振り返り）最初の記憶では、とにかく一緒に勉強しないとだめだっていうぐらいのことです。県は市町村を支えるんだと、私は、最初の知事選挙の時からそ

う言っていて、そんなこと言った知事は、これまで奈良県にはいませんでした。下支えリーダー、サポーティブなリーダーシップみたいなことを選挙の時から言い出していて、それは、みんな信じてなかったんですよ。当選後、それを改めて表明して、一緒にやるんだということを表明する会議をしたかったんですね。それで、市町村長サミットをやろうやろうと言い出して。集まって、わーわー言うのは好きだからっていうのでやりだしました。特段の戦略もなしに集まるっていうようなことから始めて、だんだんテーマを決めて、県の報告を聞くだけではなく、市町村でこれはどうだどうだと議論する提言タイプになってきました。市町村長さんは比較的よく出席していただいて、今は積極的な方が多いです。〔中略〕議論をしてもらおうと思って、教室方式からアイランド方式に変えました。市町村長の発言をもとに次の仕掛け、仕組みを考えようというふうになって、サミットは、意見交換の場から、物事を決める場にも発展してきたところがあります。」

荒井知事は、初当選した知事選挙（平成19年の統一地方選挙）のときから、市町村を支えるのが県の役割だといってきたが、そのようなことをいった知事は、奈良県にはそれまでいなかったものだから、誰も本気にしなかったというわけである。第4章で経緯を述べたように、荒井知事の2期目から本格的に始動することとなったのも、そのような事情からであろう。

「県と市町村は一体になって、職員と財源という経営資源を効率的に執行して、奈良県という地域を少しでもよくする」、という奈良モデルの主張に照らすと、市町村から県への陳情が、あるべき政策論としてならばともかく、県の経営資源を我田引水するような趣旨であってはならないという論理になる。市町村長から、県に対して、単に助けてほしいという陳情があると、インタビューではさすがにそのような発言はなかったが、知事はときに怒り出すという。「県と市町村の

共通の政策課題はこれで、市町村としては、この部分で汗をかくので、県はここをしてほしい」という陳情でなければならないというわけである。その側面の一端が見えるのが、次の知事の発言である。

「これまで、知事に対して、道路整備の陳情は多くありました。政治的な力で路線を決めているわけではなく、土地の協力が得られることを市町村が説明できれば、道路を整備する仕組みにしています。道路だけでなく施設整備でも、土地の協力が得られれば県が動いてくれるとわかってきたので、ああしてくれこうしてくれっていうような陳情が市町村から出なくなってきて、市町村長サミットが政策の意見交換の場になってきました。雰囲気がそうなってきたんですね。最初の頃は、市町村長サミットで、県は何か忠告とか厳しいことばかり言っていたかもしれないけども、雰囲気が変わってきました。市町村長サミットができたから、いろいろと市町村と意見交換できて、奈良モデルが進んできたと思います。」

荒井知事は、自分の政治手法について、やや自虐気味に、政策を一生懸命にやろうとするあまり、市町村との間で軋轢を避けないというのは、いかにも稚拙な政治スタイルだと評価している。また、次のようにも述べている。

「知事になった時に、重鎮の国会議員から、こそっと忠告みたいに、「仕事しない知事の方が、選挙強いんだよな」って言われて、どういうことかなあと思ったんだけど、（私が）余計なことばっかりしてるということを知った上で、そういうことをおっしゃったのかなあと思ったりします、よく見ておられるなと。やった格好して過ごすのはちょっと下手なとこがあるんで、私にはできないんですが、仕事をしているふりをして、実はしないっていうのは、誰も傷つかないから、選挙で長く何回も通るコツだと。そういう見方もあるんだと思いました。」

奈良モデルが、成果としては相当あがっているにもかかわらず、真

似をしようとする県が現れないことや、知名度が低いことなどの背景には、意外に荒井知事が述べているようなことがあるかもしれない。県が本気になって政策論議を展開すればするほど、県知事としての評価にはつながらないこともあるというわけである。

　荒井知事のインタビューでは、現状に満足することなく、奈良モデルで解決すべき政策課題はまだまだあるとして、話題が広がっている。問題意識が高いほど、問題が見える。逆もまた真である。県と市町村が一体となって取り組むべき政策課題についても同じである。市町村に、現状で何か困っていることはないかと尋ねると、財源以外には特にないという答えが大半かもしれない。荒井知事は市町村長サミットで、統計データをあげながら、ここが課題であるとして、市町村長との間で、政策課題を意識する雰囲気の醸成に努めている。そのためには、知事が政策に熱心でなければならない。知事に、個人的な利害に厳しいといった私心が見えると、市町村長は誰もついてこない。奈良モデルはそうした微妙なバランス感覚があって成立するものであるといえる。

2 県内市町村長に聞く 〜仲川げん奈良市長

　奈良市は人口36万人の中核市である。都市計画などで大きな権限を有しており、保健所設置市でもある。周辺市町村との連携も含めて、奈良市としてリーダーシップが期待されているところもある。その一方で、県内最大の都市であって、県をあげて進めている奈良モデルのなかで、一定の役割も期待されている。奈良市としては、独自性の発揮と県全体のなかでの整合性の両にらみというバランス感覚が、他の県内市町村以上に求められるところがある。

仲川市長は、奈良モデルを展開する県に対して、従来の管理型から
事業型の県庁モデルに変わったと表現し、「（これまでは）市町村は下
であり、知識、経験、能力に劣る存在だとはっきりは言わないにして
も、国中心に指導体制を敷くことに重きを置いていたのではないで
しょうか。奈良モデルでは一緒に物事を考えていき、一緒に事業をし
ていこうという、事業性を念頭に置いた議論がされているというとこ
ろが大きな特徴です」と、奈良モデルに対して一定の評価を惜しまな
い。そして、政策論議において、市町村長は一定の見識がもとめられ
ることについて、次のように表現している。

　「知事と市町村長が同じテーブルに着いて、同じテーマについて議論
　をして、一緒に未来をつくっていこうとすると、市町村長に意見表
　明が求められるので、逃げ隠れができなくなるという環境的なメ
　リットもあります。県内でも、若手の首長が増えてきています。従
　来は、職員OBや年配の方が多く、何かことを起こすというより
　も、穏やかに調整型、調和型でいきたいというのが無きにしもあら
　ず、でした。ところが、市町村長サミットでは、知事の表現でいう
　各市町村の「成績表〔筆者注：財政指標などの市町村の比較を示し
　たもの〕」が出てきますので、市町村長にとっては、否応なく意見
　表明を求められる環境に置かれます。今後は県主導ではなく、市町
　村が水平連携で、市町村のフィールドの中で、お互い切磋琢磨しな
　がらやっていくことを、次のステージとしてできないか。その辺り
　はいろいろと、検討の余地があると思っています。
　いつまでも県主導ではなく、すでに市町村同士で、そういった政策
　論議ができる土壌はできたのではないかと思います。市町村が住民
　サービスの中心的プレーヤーとして活躍して、県は極力、事業主体
　にはならずに支援センターに特化するのも、一つの姿ではないで
　しょうか。」

　この発言の最後の部分で、奈良モデルの展開を評価しながらも、市

町村長が政策に対して一定の考え方を表明できる土壌ができてきたことを受けて、今後は県主導というよりも市町村の水平連携に軸足を移していくことを提言している。奈良モデルの発展型として、県による市町村補完よりも、市町村間の水平連携を高めていくことは、基礎自治体中心主義としても、本来の姿といえる。また、中核市である奈良市であるからこその発言ともいえる。

　奈良モデルに対する批判的な意見として、市町村が県に頼り切ってしまって、もっとも重要な行財政運営能力をつけるどころか、それを奪うという懸念が示されることがある。その点について仲川市長は次のように述べる。

「奈良モデルの議論の中では、市町村の業務の一部を県で引き取ることも一案とされていますが、それが逆に、県に何でも頼る姿勢になってしまうのではないかという懸念もあります。あくまでも市町村の自立性を大事にしながら、奈良モデルを育てていくべきだと思います。」

　奈良モデルの今後の展開について、仲川市長は、「奈良市も、他の市町村に対して、いいモデルを作って、皆さんにお役に立てればという思いもあります。奈良市と全県を所管している県が、企画段階からいろいろ協働していくことで、市町村全体に対して役に立つ部分は、まだまだあると感じています」と述べており、企画段階から奈良市が関与することで、奈良市自身も県内市町村に対する調整役を買って出る姿勢を示している。

3 県内市町村長に聞く ～並河健天理市長

　並河健天理市長は、天理市が奈良モデルでメリットを得た政策として、真っ先にごみ処理施設の建設をあげている。広域で取り組んで、複数の市町村で建設する方が、財政的なメリットが確実に見込まれる分野である。しかし、実際に近隣の市町村と連携しようとすると、その枠組みがないなかでゼロから始めることは容易ではない。その際、奈良モデルの枠組みとして次のように述べている。

「どうせならば広域でやればどうかと考えたわけです。ただ、その枠組みをどうやって作っていけばいいのかとなりました。近隣の市町村のごみ処理施設の建て替えのタイミングも一致しないといけない。他の市町村の情報はそんなにある訳じゃない。ということで、県との連携により、加入希望状況を追っていき、最終的に10市町村になりました。人口では25万人ですから、決して大きくはないんです。ただ広域化の効果は大きい。建設コストもランニングコストも下がる。いろいろ勉強させていただくなかで、一定規模の高性能で発電もできる施設を作った方が、地元に対する環境負荷も下がることがわかってきた。〔中略〕いろいろと問題点を整理していきながら進んできましたら、議会からも、合理化のメリットは大きいとの評価を受けました。」

　並河市長は、県との間でまちづくり連携協定を結んでいるが、その結果、市町村がやっていくまちづくりの取組みと一体になって県事業を進めていく流れになったことについても評価している。「市の事業として行うものでも、それを県事業や国事業と連携させて、より大きな付加価値を生み出すといった大きな文脈の中で議論を進めています」というのである。駅前広場の整備でも、企画の段階から県も積極

的に関与し、地元の商店街と交通事業者などを含めて、この場所でどのような要素を入れていくべきかについて協議できたことが、よいものを作ることになったと評価している。

　並河市長からは、県と奈良モデルの枠組みを使って協働することで、よりスケールの大きな事業ができていくことを、どこか楽しんでいる様子が窺われた。例えば、次の発言に、それがよく表れている。

「単に、市町村が県にお金を出してくれというだけではだめでしょうね。共同で取り組むことで、スケールメリットがこれだけ発揮され、かつ市町村側もこれだけ汗をかくし、県にとってこれだけベネフィットがあるという説得力のある話をして、それに対して県が先行投資をしていただいたら、アイデアが実現するというかたちで話をもっていかないと。広域化を進める際に、参加市町村を増やそうとするときも同じで、参加してほしいというだけでなく、参加することでその団体にどんなメリットがあるかが共有されないといけないです。単に、県が補助金を出すからだけでは進まない。昔だったら、大都市にしか人々の目は向いていなかったかもしれないけども、今なら、小さな自治体でも、これは全国にとってモデルになるっていうのがあったら大きく取り上げていただけるようになっている。そういう意味ではチャンスがあって面白い時代です。私は、かつて国で働いていましたが〔筆者注：元外交官〕、国だと法律をつくる、予算を獲得する、制度を設計することが主になり、自分自身が仲間と何かやったという実感がなかなか得られないこともありますが、市町村は住民との距離が近くて、何かをやっているという実感があって、そこがいいです。その分、怒られることもありますが。（笑い）」

4 県内市町村長に聞く ～東川裕御所市長

　御所市は、全国でも珍しく、自治体財政健全化法の施行前に赤字団体の状態が続いていた。夕張市のように隠れた赤字があったわけではないが、赤字の解消ができないという意味でも、市政運営に何かと課題の多い市であったと推測される。東川裕市長は、そうした市政運営をいかに立て直すかを課題に市長になり、折から展開された奈良モデルの枠組みにも乗って、県の力を引き出して懸案事項に対応してきた印象がある。その東川市長は、奈良モデルの印象について次のように述べる。

　「奈良モデルはいいものだと思います。奈良県の市町村合併は進まなかった。総務省も認める、そういう地域のモデルを私は作っているなという思いはあります。ただ、奈良モデルもやっぱり進化していかなければならないと思います。いろんな課題がある中で、次は、次はと常に考え、成長しなければならないと。一つのデメリットは、県と市町村は奈良モデルでは並行で、水平補完といっても、主従関係みたいなものがどこかにあるんですよ。それが良いところである反面、逆に市町村の職員にとったら、頼りすぎる部分っていうのが出てきます。市町村の職員にしたら県になんでもやってもらおうと思いたくなる。しかし、市町村も一生懸命やっているという姿勢をしっかりと保っていかないと、県の支援は受けられない。それが保てないと、奈良モデルは、本来の趣旨を崩してしまう気がします。いまは、荒井知事の個人のキャラクターあっての奈良モデルだが、将来、知事が代わったときにも、荒井知事がやってこられたものを引き続き、どういう形で発展させていくかということについて、県職員も我々も将来を見据えて考えていかなければならないと

思います。」

　前述❷で仲川奈良市長が懸念していたように、奈良モデルは強力な反面で、市町村の職員のなかでも県への依存心を高める懸念があるので、それをいかに戒めて、市町村が自ら政策課題に取り組む姿勢を示す必要があることを東川市長は強調している。

　そのうえで、東川市長は、奈良モデルで取り組むべき市政の課題として、水道や下水道の統合、し尿処理施設の広域的な利用の促進、公営住宅のオーバーストックへの対応策としての市営住宅と県営住宅の一体的マネジメントなどをあげる。その一方で、県と連携協定で駅前整備という大事業が進んでいることは、奈良モデルあってのことと評価している。

　市町村長サミットの意義について、東川市長は次のように述べている。データを示して、市町村長のやる気を引き出すという荒井知事の意図通りの結果となった例といってもよい。そのことに対して、東川市長は「知事に、綺麗に踊らされている」と自嘲気味に表現するものの、趣旨には大いに賛意を示している。

「あれは意味があります。私が市長になってすぐに、サミットで成績表〔筆者注：財政指標などの市町村の比較を示したもの〕が出てきたんです。私は性格上、近隣の市に負けたくないという気持ちになります。御所市では、市税の徴収率が県内で断トツに悪いというのが表面化した。徴収率の向上は、行政の公平を保つ最大のポイントなので、これに取り組まなければと思い、気合いを入れて頑張りました。〔市税〕機動徴収課を作ったりしましたが成果が上がりません。成功している王寺町の話を聞かせてもらうと、徴収には一切行きません、粛々と差し押さえしますということでした。そこで方針を転換したら、徴収率が一気に改善しました（ずいぶん怒られましたが）。徴収率を上げる気にさせてくれたのはサミットでした。市町村をデータで比較して、エビデンスを示して、何をどう改善する

かを明らかにするのは意味がある。サミットで示される成績表には
インパクトがあって、職員への指示もしやすいし、目標も持てる。
成績表を見せられて、知事に、綺麗に踊らされているなと思いつつ
も、県の力を引き出すためにはそれも大切なことかと思っていま
す。御所市は、日本のなかで、奈良県のなかで、どの位置にいるの
かみえることは、すごくリアリティがあって、市民も興味がある。
私は毎年度当初、うちの職員に「統計からみた御所市のすがた」と
いうグラフ化した統計書を作ってもらい、職員全員に１冊ずつ配っ
ています。御所市のどこが弱いか、どこを伸ばしたらいいなとか
が、すごくよくわかります。」

5 県内市町村長に聞く ～森章浩田原本町長

　奈良県では、水道事業の統合を奈良モデルの柱となる事業の一つと
して進めている。そのなかで、田原本町を含む磯城郡３町は、全県に
率先して、水道事業の統合を進めている。奈良盆地の真ん中に位置し
ているので、いわゆる中山間地域の町村というわけではないが、人口
も面積も比較的小ぶりの町として、市街地が町の境を超えて連坦して
いるところから、周辺市町村との連携が欠かせないところがある。奈
良モデルについての森町長の印象は次のようなものである。
「私は町長になったときに奈良モデルという言葉を聞きました。最初
は、合併が進まなかった奈良県における事業統合の一つの手法と理
解をしていたんですよね。市町村と市町村が共同で一つの事業を実
施する際に、県から財政的な支援を受けるということが、奈良モデ
ルだと理解していて、本町でいえば、一部事務組合を設立し県の補
助金を活用して施設整備をした、本町と御所市、五條市との３市町

のゴミ処理の広域化などが奈良モデルなのかなあと思っていました。しかし、今はさらに理解を深め、市町村と県と国との役割を明確にするのが奈良モデルだと認識しています。それぞれ国には国の役割があり、県には県の役割があります。市町村は、自分のところの住民の皆さんのために、いかに施策を打てるかが大切です。それを応援してくれるのが奈良モデルであり、基礎自治体である市町村にとって、実にいいシステムだと考えています。」

　奈良モデルとは、市町村が市町村としての役割を真に負っていくために、県が応援してくれる仕組みであって、これは実によいシステムであるというのである。そこには、市町村は、奈良モデルだからといって県任せの市政ではいけない、という強い自戒の心が窺われる。荒井知事は、サッカーに例えると県はミッドフィルダーだといっていたが（前述**1**参照）、森町長は、「知事とコミュニケーションをとり、いかに連携を深めるかが大事です。サッカーでいうと県はボランチのようなもので、ゴールを決めるストライカーの市町村がいいポジションにいないと、県からいいパスがもらえない。いい体勢でボールをもらうのも市町村の仕事であり、得点圏にいなければいけない。市町村にゴールを決める意欲がないと、奈良モデルは成り立ちません。やる気があり、この町をどうしていきたいかという活力がある自治体にとっては、これ以上の応援はありません」という。ボランチは守備的ミッドフィルダーなので、直接ゴールを決めるというニュアンスが消えているところが興味深い。

　また、他県の市町村長からは、知事と直接、政策についての深い意見交換ができる場はほとんどなく、奈良県の状況はうらやましがられるともいう。さらに、荒井知事の姿勢について、次のように述べている。

「市町村長としては、自分の町だけが得になることを考えがちになりますが、そうであってはいけないんです。知事の視点は、奈良県全

体を見ておられますから、そういう意味で自分の気に入ったところだけを応援するわけではなく、私の見る限り、私利私欲はない。知事から指摘を受けることもありますが、それは知事が政策に熱い思いを込めておられるのに対し、市町村が自分の都合だけで態度を変えたりするときなどではないでしょうか。知事の立場だと、相手の私心やいろいろなものが見えるのでしょうね。市町村が財政支援だけを要求し、後ろ向きな場合は拒絶される。逆に、知恵を出し前向きな取り組みを示せば賛同していただける。政策ありきで、政策が良ければお金も思い切って出してくれます。」

そのうえで、奈良モデルでは、今後、子育てと教育を扱ってほしいという。それらは、県と市町村が連携して取り組むことが、従来、なかなかできてこなかったところであって、そういう分野でも、連携の仕組みを働かせていくべきだとして次のように述べている。これを読むと、奈良モデルにはまだまだ伸張性があるといえる。

「子育て施策の中では、県と一緒にやることが、今は特にないのですが、子供の数を増やすことはすごく大事ですから、定住施策等において、子育て施策を打ち出さないといけない。それを県と一緒にやりたいです。子育てしやすい奈良県というのを打ち出したいです。教育も同様です。小学校・中学校の義務教育について、総合教育会議というのをしていただいていますが、市町村は義務教育になかなか関与できない。今回の新型コロナウイルス対策においても、オンライン教育を進めたいという方向性を町として出しましたが、「学校現場ではなかなかできない」となり、「では、できるようにするにはどうすればよいのか、誰が責任者かわからない」という事態になりました。ところが、県内で唯一、市単独で教育委員会を持っている奈良市は、積極的な教育施策を打っているんですよね。首長の考えも入れながら、やっているのが見えるので、教育の分野でも奈良モデルが使えないかと思います。知事は、教育に対し、かなり熱

意を持っておられます。勉強会も色々されているはずです。どんな
やり方がいいのか、検討が必要ではありますが、知事にもそういう
思いはおありだと思います。知事がこれまでやってこられた奈良モ
デルは、事業政策系ではスムーズにうまくいき、徐々にできあがっ
てきたと思います。他には福祉の分野でも奈良モデルが効果的に動
いてくれればと思います。県内の市町村がバラバラに動くのではな
く、同じ方向にまとまるためのものが奈良モデルかなと思います。」

6 県内市町村長に聞く 〜栗山忠昭川上村長

　川上村は、中山間地域も中山間地域、吉野川（紀ノ川）の源流の村
であって、人口は1,000人あまりである。栗山忠昭村長は、奈良モデ
ルが始まった最初の時期から、ポスト市町村合併としての奈良モデル
に賛意を表し、南和広域医療組合（平成28年度から「南和広域医療企
業団」、第8章参照）の設立などでも、膠着状態の会議の場で推進の
気運を盛り上げるのに一役買ったところがある。その件については、
筆者が「南和広域医療組合の設立の協議でも、参加団体が賛成も反対
もしかねているときに、当時の事務局からは、副村長だった栗山村長
が、これはいいと。これでいこうといってくれて流れができた、あの
言葉で、救われたと聞いています」と水を向けたことに対して、次の
ように発言している。

「大変恐縮ですが、ありがとうございます。当時副村長で出席してい
　ました。意見もいろいろで、かなり時間が経過していました。そう
　した中「栗山さん、何かご意見はありませんか」と言われました。
　それで私は、「今後の地域医療を考えたら、わが村には関係ない
　話。とは言えない」と発言しました。同時に本村は、他町村に比較

しても村民が、五條、吉野、大淀（の公立病院）には大変お世話に
なっている現実がありました。よって、今後の地域医療のあり方や
各病院の赤字についても、「関わりがない」と言い切れなかったの
です。当時会議が終わったあと、県担当課長さんから私の発言に対
してお礼の言葉がありましたが、吉野や地域の実情を考えると、や
むを得ない判断であったと伝えました。ただわが村は別として、3
病院と関わりが低い町村があったことは事実です。少し出すぎたか
もしれません（笑）。ただ、このことも間違ってなかったと思いま
す。その後、公立病院が再編され、今の南奈良総合医療センターが
役割分担も明確にし、医療の拡充、またドクターヘリの運行など順
調に機能していることは何よりだと思います。今後「南和モデル」
として同センターを中心に、医療はもちろんのこと、南和住民の健
康から介護まで一緒に取り組もう、と考えていただく県知事や県の
姿勢に感謝しています。大きな前進だと思います。消防がしかり、
ゴミがしかり、必要な広域的連携は実を結びつつあります。ただ再
三申し上げますが、現在の自治体は住民が500人だろうと800人だ
ろうと、確実に死守してほしい、と強く思っています。もちろん当
事者である我々がまず努力しての話ですが、足らないところは多々
あると思いますので。知事がそのように思ってくれる限り、私は何
ら異論はありません。そして、話は変わりますが、地方制度調査会
の小委員会からお声がけをいただき出席させていただきました。そ
して、過疎地で努力している話とともに、奈良モデルを紹介し、上
手く機能している話をしました。また、奈良モデル事業を通じ、奈
良県職員が身近な存在に感じるようになったことも付け加えさせて
いただきました。それは、「町村の悩みは県の悩み」であり、県政
がよくなるためにも、まずは町や村が発展しないといけない、とい
う理論になりますよね。誠に、腑に落ちる話ですよね。」
栗山村長は、水源地の村として、森林を守り、河川の氾濫を防ぎ、

水資源を確保することに強い思いがある。流域、とくに下流（都市部）が安定するためにも、上流（源流）が保全されなければならない、というわけである。県庁に水循環・森林・景観環境部が設けられたことにも強い共感を示している。

　荒井知事は、「頑張っている市町村を応援する」という表現をよく使うところがある。県はあえて、県内市町村を同等に扱うとはいわない。自助努力の姿勢を示すところを支援するという趣旨であるが、筆者は、あえてそれが「好き嫌いの議論になってしまわないか」と水を向けた。それに対する栗山村長の発言が以下である。

「それはないでしょう。知事を持ちあげるつもりはありませんが、おそらく荒井知事は、「奈良県のポテンシャルは、もっと高い」と考えているでしょう。県職員にたいして「君たちは奈良県の価値を上手く仕事に活かしてないのでは」のメッセージではないかと思います。だから荒井知事になってから、県職員が町村に出向く機会が多くなったと思いますが、当然のことでしょう。「何でもかんでも県庁で」ではないと思います。知事が、南部東部に県の振興局を設置したのも、市町村と一緒にやっていこうという知事のメッセージだと思います。やる気のある町村だけを助けるということや、好き嫌いで対応を変えるのはないでしょう。少なくとも知事や県職員は冷静沈着な判断のもと、市町村と協議していると考えます。ただ、荒井知事の理想は高く、よく勉強されているので「〇〇町や〇〇村にも、こんな輝くものがあるのに、眠っているなぁ」のような思いはたくさんあるでしょうね（笑）。県職員が、たとえ無駄足を踏むことになっても、市町村に出向き、顔見て目を見てね、村長や職員に「元気にしとるか、過疎はしんどいけど、頑張れよ」といってくれれば、私たちもまた頑張ろうかなと思います。政（まつり）ごとは「理念と情」が大切ですよね。」

　2040年を迎え、人口減少がますます進むなかで、小規模な市町村

は、どのようにしてまちを守るかについて、心許ない思いを抱くようになると予想される。そのようななかで、奈良県は、今後もいまの市町村とともに歩むという姿勢を堅持してほしいという栗山村長の気持ちがよく伝わってくる。

7 県内市町村長に聞く ～車谷重高天川村長

　天川村も人口は1,300人ほどである。修験者の聖地「大峰山」を有し、秘境といわれる洞川温泉があり、熊野古道の一つ、大峯奥駈道を通じて、熊野本宮大社にもつながっている。深い渓谷に囲まれた雄大な自然のなかにある。天川村の車谷重高村長も、奈良モデルを高く評価している。

「奈良モデルは、県と市町村が対等の立場にたって、まちづくりを共同しながら進めて行くという事業推進であると思っています。南奈良総合医療センターは、中山間地域である吉野郡地域におきましては大きな効果があります。脆弱な医療体制のところに、立派な施設の総合病院ができ、尚且つドクターヘリで救急体制がとれ、吉野郡にとっては、ものすごく安心できる施設であり過疎地域の高齢者社会の中にあっては頼れる存在であります。また、南奈良総合医療センターと本村の診療所とネットワークで繋がっています。CT画像や処方箋も診療所で見られるし、お医者さん同士の繋がりも深いので、対応が早く誠にいい関係です。奈良モデル活用の大きな成果と言えます。この先も南和広域医療企業団としてしっかり運営できますよう頑張っていきます。」

　過疎での中山間地域の村にとって、良好な医療機関を確保することが、実に切実な課題であることが読み取れる。南奈良総合医療セン

ターは、産みの苦しみこそ大きかったが、できあがってみるとそれへの評価は高い。そうした過疎の村では、県との距離感が重要となる。その点については、次のように述べている。

「県と市町村というのは対等の立場でと言いますが、知事は奈良県のトップですよね。知事の意向は県下全域に及ぶでしょう。もちろんそれが全てではないと思いますが、知事には奈良県づくりの構想があって、色々頭の中で描いておられると思うのですよ。村が何かしようとするときに、知事の構想と方向性の真逆なことを知事に提案しても違和感を示すのではないかなと。いい意味で知事の懐に入った方がいいと思う場面もあります。知事は我々に何を求めておられるのか、どういうストーリーをもって提案すればいいか。かなりハードルは高いですが試されていると思い無い知恵を絞り取り組んでいます。それだけ地域の事を察知しておられる。道路もそのひとつですがただ狭い道路を広げてくれだったら理解が通りにくいですよね。その道路が何のために必要なのか、現状はどうか、何を根拠にそう思うのか当然聞かれます。県が道路の管理者、国道もありますが県管理です。道路だけでなくて他にも、関係する部局、部長及び職員の皆さんに、我々の天川村の取り組みのことを、事前に周知して聞いていただき、現地に来ていただいて見ていただくようにしています。県にお願いするときは、丸々県に投げかけるではなくて、自分たちで今後取り組みたいことを絵にかいて、この部分は自力でするので、できない部分を何とか応援してくれませんかというような話は多いですね。」

車谷村長は、あるべき村の職員体制について、興味深いことを述べている。「通常の自治体業務なんかはね、極端に言えば、今のうちの職員で3分の2ぐらいの人数でも十分賄えるかもしれない」というのである。つまり、当たり前のルーティンワークをこなしているだけならば、職員が不足しているという実感はないというのである。ただ

し、それは地域活性化のために多方面に事業をしないときである。もちろん、天川村のような状況では、何もしなければ、地域は活性化するどころか尻すぼみになってしまう。「観光にしても過疎が進むなか行政が主導しながら進めて行かなければならなくなった。村には、大峰山。世界遺産の紀伊山地の霊場と参詣道があり自然景観も歴史も豊富だからこそ行政が先頭に立ってやっていろんな事業を打ち出していかないと成り立たない。そのためには人材が必要になる」というのである。

　奈良県に対して観光事業の支援を頼もうとすれば、なぜそれが必要なのかを、観光客の入込数、季節の観光客の流れの動向、どの場所に集中するか、車は何台位来るのか、その時間帯はいつかなどの資料を持って、具体的に説明しなければならない。そのためには、人材の確保が必要であるという。小規模な町村で、現状では、財源を除けば、行政体制整備では特に困ったことないという回答が返ってくるのは、車谷村長のいうところの、ルーティンワークを事務処理としてこなすだけしか念頭にないことによるのかもしれない。

8　県内市町村長に聞く 〜更谷慈禧十津川村長（当時）

　十津川村も、川上村と同様に、中山間地域の村である。人口は3,100人ほどであって、高齢化も著しい。面積が広いうえに集落は55、小さい集落で数えると200ほどあり、いわゆる限界集落はその半数を数える。そうした状況で、更谷慈禧村長は、「愛着があって、墓があって、思い入れがあって、生活があって、そこから離れたくない。そこで生活するためにどうしたらいいかということを住民と一緒になって考えています。誇りと、思い入れと、住みたいという想いは皆ある。

独り暮らしでもずっとおるわけですよ」と述べる。2040年を先取りしたかたちで、いかに生き残っていくかの戦いのすでにさなかにある。

したがって、奈良モデルについても、「知事が推奨されている奈良モデルというのは、まさに住民を主体として、それを取り巻く我々行政といったものが、この人達が安心して最期まで暮らし続けるために支える、そんな取り組みではないのかなと。だから私は奈良モデルには感謝しています」と前向きの評価である。

国は森林環境税および森林環境譲与税を設け、市町村に大きな責任を持ってもらう新しい森林経営管理の仕組みが導入された。十津川村でも、山を守ることが大きな課題となっている。荒井知事は、スイスのフォレスター制度を評価しており、十津川村でもそれを導入しようではないかと働きかけている。十津川村は、平成23年9月に台風12号がもたらした大雨で紀州半島大水害に見舞われ、13名の人命が失われた。それが更谷村長には大きく気にかかっている。

「うちの村で9年前の水害で13名が亡くなっているんです。本当につらかった。山の手入れをもう少しやっておったら、13人も亡くなってなかったんではないかと実際に思いました。要は、お金に変わることしか思ってなかったですわ。そうじゃない。国土保全とか、あるいは地球環境の、いわゆるCO_2の削減に値するようなことができる合理的な機能といったことは度外視して、山は、財産や不動産やと、いうような感覚でずっと来たものですから。知事さんがスイス林業のフォレスターといったことを言ってくれた。要は山守さんですよ。構って山守してもらう。だけどね、商売をやっとるもんで、それはすぐには変えられん。知事は100年の計で山づくりといわれるが、想いだけでは山はできんという話はしとるんです。そう一気にはいかん。だけどまあ、私は感謝しています。災害で熊野川に土砂ダムができる、そうすると濁りが川に入って、下流域の市町村から叱られる。私も見かねて、川の管理は県だから、県ならば、堰堤

も見れる、砂防も見れるはず。山を止めないことには、災害はいくらでも起こってくるわけですよ。奈良県、和歌山県、三重県の市町村長と一緒になって、荒井知事に要望に行ったんですよ。そしたら知事は、山の手入れは地元がしてほしいと言われる。私は村長として、村民の財産を守る責任がある、我々ではなんともならんし、管理は県でしょう、困っているのを何とかしてほしいといったことがあります。そんなことがあっても、ほんまに知事は良くやってくれているし、感謝もしていますわ。」

　更谷村長が謝意を表しているのは、南奈良総合医療センターが断らない医療を掲げて、ドクターヘリでの病人の搬送体制を整備したことや、国道168号線（五條新宮道路）が地域交通の地域高規格道路の認定を受けて、整備が進んでいることがある。かつては「酷道」と呼ばれ、雨が降ったら通行止めとなることも多く、災害時に移動手段がなくなる問題があった。村道と林道を含めて600kmに及ぶ道路の維持管理は、十津川村では最重要政策となっている。道路管理には、予算もさることながら技術職が必要となる。県との人事交流について、更谷村長は次のように述べている。

「村道、林道だけで600kmあるので技術屋さんが必要。技術屋さんの採用試験をしてもね、村外からの応募が多くて、採用して、慣れてきてできるようになると、ほかの市町村も欲しいのでとられて辞めていきよるんですわ。今、県が、うちの方で、土木の技術屋さんが１名、今年（2021年）の４月から来てくれていて、それは助かっています。これはありがたいです。それと、県の市町村振興課へうちの職員が行かせてもらっているんですけど、行かせて一年間、研修をして帰ってきたら、その子が本当に伸びているんですよ。これはね、本当に感謝していますわ。なんかね、目線が広がるというか、変わってくるんです。参事さんも県から派遣してもらったり、副村長も、もうずっと送って貰っておったんです。」

更谷村長からは、村政としては課題は多いが、奈良県はけっして十津川村を見放すことはないことを肌で感じている様子が窺われた。県と市町村との間で、もっとも重要なところがそこだといえる。

9 奈良モデルを支えた県幹部に聞く

　座談会のかたちで、奈良モデルに担当者（肩書きは当時）として関わった方のお話を伺った。出席者は次の4人である。

　長岡雅美奈良テレビ放送㈱代表取締役社長（平成20〜22年度の市町村振興課長）

　中川幸士南和広域医療企業団企業長（平成26年度から医療政策部理事として企業団を設立）

　山下保典総務部長（平成25〜26年度の市町村振興課長）

　浅田輝男議会事務局長（平成28〜29年度の市町村振興課長）

　座談会の発言のなかには、荒井知事の下で、どのように政策形成されてきたかの経緯が読み取られるものが少なくない。なかでも、中川氏は、南奈良総合医療センターの設立の経緯について次のように述べている。

「荒井知事就任の前年に妊婦搬送事件があって（第8章**3**参照）、その翌年にも橿原市で同じような事件が起こりました。最初の事件では、妊婦搬送でたらい回しとなったお母さんが死亡、橿原では生まれてくる赤ちゃんが死亡という痛ましい事件が立て続けに起きてしまいました。私は当時、行政経営課長でしたが、荒井知事が医療部局とは激しい議論をやっていたのは覚えています。そのことをきっかけに、県立奈良病院を移転して建て替えしたい、それと同時に医科大学も何とかしたい、県南の医療でも何かしたいという思いが知事にあって、それら全部を取りまとめてやるというような話になり

ました。そんな中、平成21年に私が医療担当の課長になりました。その頃は、課題の整理ができていなかったんですけど、何かしないといけないということのなかで、夏頃だったと思うんですけど、私と医療のもう一人の担当課長の二人が、毎日のように知事の指示を受けて協議しました。そのころ、当時の大淀町長さんが、事件の舞台のひとつになった大淀病院が老朽化していたので、建て替えに県の補助が欲しいという話に来られました。ただ、知事にすれば、病院の建て替えだけで医療が良くなるのかという思いがあったようで、そこから、南和の３つの公立病院の再編が実質的に始まったと思います。知事からは、公立病院間で役割分担をして、ネットワークを組めないかという指示がありました。」

　公立病院の統合は荒事であるが、県が動かなければとてもできないという側面がある。その点について中川氏は、次のように語っている。

「医療担当の課長になる３年ほど前に、病院関係の担当もしていたことがあって、病院間で役割分担をしてネットワークでつないでというのは、医療関係者の感覚で行けばなかなか実行していくのは難しいかなと思っていました。病院は、それぞれ別々のやり方で運営していますので、荒業になりますけれど、一つの組織にするというのはどうですかっていう話をさせてもらいました。いざ、それを進めていくと、難しい面と、やりやすい面があると思うんです。難しい面でいうと、そもそも医療法という法律の建て付けからですね、都道府県知事には権限がいろいろあるんですけど、市町村には何もないんですよ。保健や健診とかはやっているけど、医療で市町村長が、これをするという位置付けがないので、市町村の職員に医療の提供体制をどうするかの議論をしようと思っても、無理があるんですよ。そもそもそんな仕事をしてないので、上まで含めて納得を得るのに時間がかかったのが一つ。逆に、南和の場合に進めやすかっ

たのは、医療がなくなったらどうするのかという危機感が地元に
あったので、そこはやりやすかった。〔中略〕病院を持っている2
つの副町長さんの一人に最初に言われたのは、県が調整に入ってく
れるんやったら、いっそのこと県でやってくださいと。そこをそう
じゃなくて、地元の住民さんの医療は、地元で守ってもらうべきで
しょうと説得するのに時間がかかりましたね。」

　座談会に出席した歴代の市町村振興課長のなかで、長岡氏が奈良モ
デルという呼び方がまだできる前の市町村行財政改善検討会で連携の
課題を手掛けて、山下氏が、それを引き継いだ経緯がある。長岡氏
は、次のように述べている。いかにも手探りで始まっていった様子が
窺われる発言である。

「当初は、県と市町村の役割分担の整理から始まったので、更地から
　全事業を精査して、県の各関係課が市町村と一緒にできるものを考
　えてもらって、まとまったのが73でした。連携できそうなのに、法
　的な枠組みが違うなどの理由で、強く抵抗する分野もありました。
　あまりにも抵抗があるので、できるところからやらせてくださいと
　知事の指示を仰いだ結果が73です。ごみ処理の広域化は、法律も
　あったので先に動いていたものがあり、土木では橋梁の点検も、市
　町村の担当職員が手薄なので、県に何とかして欲しいという話が
　あって、それは垂直補完としてやることになりました。心残りは、
　権限委譲に関して、市町村で手を挙げてくるところはほとんどな
　かったことです。」

　小規模な市町村では、行政課題に対して職員体制が十分でないの
で、そこには大きな課題があるはずであるが、いちばん困っているは
ずの当事者は、やれるように仕事をしているのだから、実は困ってい
る自覚がないと述べてきたが、次の長岡氏の発言もそれを裏付けてい
る。

「最初は、なかなか成果らしいものが出ないなかで、市町村にその気

になってもらうところで苦労しました。事務局としては、知事にも
成果を出るまでは辛抱してもらって、何とか結果を出していこうと
いう感じでした。奈良県は、市町村合併は進みませんでした。市町
村へアンケートすると、県からみたら困っていることがたくさんあ
るだろうと思う市町村に限って、困っていることはありませんとい
う回答が返ってきます。だけどこのまま放っておいたらいいとはな
らないので、多少なりとも県が、向こうから乗ってもらえるように
支援しないといけないと考えました。最初は、何もしなければ瓦解
しそうになるのを、なんとか成果を出して走り出すまでもっていこ
うというところで苦労しました。」

　市町村長サミットの運営における指示の出し方など、知事の県職員
への日頃の接し方が伝わってくるのが次の山下氏の発言である。

「奈良県・市町村長サミットのときには、プレゼン資料を作成する段
階で知事にご相談します。そこで、知事から、それでいいとか、こ
れを加えようとかの指示はいただきました。〔中略〕市町村長さん
の方も、何だかんだって言っても、知事を信頼していただいている
のかなと思うところがあって、私のところには徹底的な批判は聞こ
えてこなかったんですよ。僕と浅田さんが、観光の課長と課長補佐
をしていたときに、観光も知事のお得意な領域ですから、知事室に
行く度に知事に厳しい指摘を受ける。それはつらいんだけど、知事
は、やっぱりすごいなと思うんです。自分が全く思いつかなかった
こと、自分の発想にないことを、また教えてもらったなっていうの
があります。知事とある町村長と３人のときに、町村長が「市町村
振興課長の山下君、大変やろ、知事、色々注文も多いし」って言う
と、知事が「彼はヤマを張って自分のところに勝負をかけてくるか
ら、わざとそのヤマを外してやるんだ。そしたら、ひとひねり加
わって、もうちょっとええもんになるから」っていう言い方をされ
ました。そうなると自分ももっと頑張ろうと思います。人間味があ

るなって思いますよね。よく怒られるけど（笑）。」

　出席した幹部からは、奈良モデルという難しいけれども、どこの県もやっていないような面白い仕事をさせてもらって、そこで成果が出ていることを誇らしく思っていることが伝わってくる。また、異口同音に知事には私心がない、奈良県をよくしようとする思いの強さは、県職員をはるかに凌駕するものがあり、尊敬の念を持たざるを得ないという。浅田氏は、「以前、東京事務所に勤務しておりましたが、知事が県の施策の実現に向け、府省庁のご担当者に対し熱意のこもった要望活動を時間を惜しんで行っておられたことが印象に残っております。要望内容によっては関係する市町村長と一緒に連携して共同で要望活動をされ地元の切実な思いを伝えておられました」と述べているのも、知事が勉強熱心で一生懸命であることへの敬意が表れている。

　奈良モデルの今後の発展について、山下氏は次のように述べている。

　「奈良モデルは、県と市町村の連携・協働の仕組みとして、一旦作り上げたものが、深化あるいは進化していくと思うんです。南和広域医療は健康というような視点を加味して進化していくだろうし、広域消防は形は整えましたが、さらなる進化として、実行性のある組織として機能していくと思います。そんなことをアピールして、奈良モデルここにありと対外的に示してもらいたいという思いを持っています。」

　奈良モデルは、定型的な取り組みではないので、どのようなかたちにも進化できる可能性を持っている。その反面で、責任や権限の所在が曖昧であって、バランスが一端崩れると収拾がつかなくなる懸念もある。本書で述べてきたように、奈良モデルの精神と、それが成り立つために県と市町村がどのように役割分担をするかを常に点検する必要がある。奈良モデルは、人口減少が進んだ社会において、大都市圏ではない地域の県において、県と市町村の連携における一つのあるべ

き姿、すなわちモデルである。

　奈良モデルを真似する必要はない。しかし、何もしないでよいということではないはずだ。人口減少社会の厳しい現実に向き合って、それぞれの都道府県が、それぞれに政治風土に合った県と市町村の関係を作り上げていっていただきたい。それは困難であっても、誇らしい仕事である。本章で紹介した関係者の声に、それが何よりも表れている。

※本章は『住民行政の窓』（日本加除出版）の令和３年１月号〜４月号で筆者が
　行った下記の座談会とインタビューをもとに、筆者の責任において構成したも
　のである。
　　１月号：座談会：奈良モデルの歴代担当者に聞く―奈良モデルの展開(1)
　　２月号：市町村長へのインタビュー（奈良市・天理市・御所市）―奈良モデ
　　　　　　ルの展開(2)
　　３月号：市町村長へのインタビュー（田原本町・川上村・天川村・十津川
　　　　　　村）―奈良モデルの展開(3)
　　４月号：特別インタビュー　荒井正吾奈良県知事に聞く、奈良モデルの思想

おわりに
君よ、知るや「奈良モデル」──全国の自治体は人口減少と向き合え

　将棋用語で「手将棋」というのがある。定石型を外れた、前例の少ない戦型を指す。いくら事前に準備をしても、手将棋に持ち込まれると役に立たない。逆によほど棋力に自信がないと手将棋は怖くて指せない。失敗すると惨めな負け方をしてしまうからである。奈良モデルは、さしずめ、県と市町村の関係における手将棋のようなものである。成功すればいいが、バランスを欠けば、大失敗してしまう。「モデル」というからには、中山間地域を多く抱える県において、人口減少社会を先取りした対応策の一つでなければならない。奈良モデルは、奈良県における人口減少への挑戦であるといってもよい。人口減少が著しい県は、そのまま真似をする必要はないものの、すべからく、奈良モデルを参照すべきある。

　奈良県庁への「奈良モデル」についての視察は多いと聞く。それだけ、自治体の「業界」では、特色ある取り組みとして浸透しているということだろう。ただ、視察者の多くは、話を聞いたあとで、うちでは無理だなあ、という感想を述べるという。簡単に真似できない理由があるのは当然といえば当然であるが、できない理由を探すのが、奈良県への出張視察の目標になっているようにも感じられて、そこがいかにも残念である。

　筆者の感覚では、「優良事例の横展開」という言葉は、あまり好きではない。優良事例は、簡単に横展開できるようなものではないからである。簡単に真似られる内容ならば、放っておいても浸透していくはずである。真の優良事例とは、どこかの自治体が苦労して考え、実践してきた内容であるはずだ。それが世間に認められ、評価されることはよいことだが、本当に値打ちがあるとすれば、それはおいそれとは真似られないはずだ。パイオニアと同じ苦労をしなければ身につか

ないからである。優良事例を紹介することはよいことである。それは
自治体という「業界」における善政合戦を刺激するからである。しか
し、広く普及する政策事例が、本当に価値のあるものとはいえないこ
ともある。筆者の経験は、よい事例であっても、肝心の魂を抜いて俗
化しないと、他団体には普及しない。逆にいえば、魂を抜いたものは
普及しても意味がない。「奈良モデル」の視察は多くても、誰も真似
してくれないことは、それ自体よいことかもしれない……、このよう
な理屈をこねてみたのだが、所詮は、負け惜しみかもしれない。

　ちなみに、筆者の立場は、奈良モデルのウォッチャーである。企画
し、立案し、運営してきたという意味での当事者ではない。プロ野球
でいえば、公認か非公認かの区分はさておき、私設応援団のようなも
のである。副題にあげた、「奈良モデル」とは筆者の言葉でいえば
「人口減少時代の県と市町村の総力戦」であって、その一つの具体的
なかたちとして、今後も育っていってほしいと願っている。それだけ
に、視察があるだけでは満足できずに、どこかの県が本格的なフォロ
ワーを担ってくれないものかと願っている。ところで、プロ野球の私
設応援団のなかには、思い入れが強すぎて、マナーを欠いた応援をす
る者がいる。筆者も、ひいきの引き倒しにならないように自覚しなけ
ればならない。

　「業界」では浸透していると述べたが、裏を返すと、一般的には、
まったく浸透していないということである。ブラウザ検索で、「奈良
モデル」をキーワードにしても、上位に出てくるのは、ほとんど、奈
良県庁のホームページである。それも、住宅のモデルハウスや、奈良
観光のモデルコース、奈良県出身のタレントさん（モデル）に混じっ
てである。この感じだと、奈良県民であっても、広い意味での自治体
関係者でなければ、ほとんど知られていないと思われる。

　試しに『讀賣新聞』のデータベースである「ヨミダス・パーソナ
ル」で検索してみた。「地域版を除く検索」だと、奈良モデルの取り

組み開始から現在までを検索期間としてみても、実に１件だけであった。人口減少時代の地方自治の課題を具体的に指摘した記事であって、一般の読者が気づきにくい視点をわかりやすく掘り下げている。平成28年３月３日、大阪本社版の社会面掲載であって、『［ふるさとあしたへ］土木技師　500市町村でゼロ』という見出しがついている。橋やトンネルの保全業務にあたる土木技師のいない自治体が見出しの数あることで、修繕の対応が遅れるなどの課題が多いと指摘する。その記事の結びの部分で、「奈良県では、県が市町村の橋梁修繕計画策定を代行したり、人材を育てたりする「奈良モデル」を展開」と紹介し、奈良モデルの記事の着地の素材に使っている。着地、すなわち、問題に対する解決策の一つというわけである。この取り上げられ方は、奈良モデルへの前向きの評価といえる。

　もっとも、如何せん、この１件だけである。ただ、逆にいえば、奈良モデルが世に取り上げられないのは、この記事のような、技術系職員の配置がされていない市町村が多いことが、本当はとても深刻な問題だという認識自体が、一般に広がっていないからだともいえる。業界的には当たり前の話でも、一般に浸透しなければ、読者の理解を超えるので一般紙が取り上げないことはやむを得ない。何かのきっかけで、この問題が広く浸透するようになれば、そこでようやく、奈良モデルの知名度が、一般的に高まるとなっておかしくない。

　ちなみに、『讀賣新聞』の検索で、奈良県の地域版の記事でヒットしたのは６件であった。そのうち、いくつかはすでに紹介しているが、４件までは、奈良県知事選挙をめぐる争点等を紹介した内容であって、荒井正吾知事の実績や、選挙戦での訴えを取り上げたときに、キーワードとしてでてきたものである。選挙がらみではなく、奈良モデルの取り組みや成果を紹介した記事は、磯城郡３町の水道事業統合を取り上げたものなど、わずかに２件だけである。文字通り、知る人ぞ知るというところである。

総務省が平成28年12月に設けた「広域連携が困難な市町村における補完のあり方に関する研究会」では、奈良県や高知県などの事例を取り上げた後の第4回研究会において、それらを踏まえた論点整理を行い、奈良モデルについて次のように述べている（委員として参加している奈良県の山下保典総務部次長（当時）の報告と意見交換を踏まえた取りまとめ）。

　○奈良県においては、小規模な市町村がなお多く存在していることから、市町村が本来的に行う事務や事業に対して必要な助言や財政的支援を実施するのみならず、協働で事業を実施。対象となる分野は、市町村が実施している事務・事業全般（消防、税、交通、ごみ処理、医療、水道、道路インフラ等）。

　○しかしながら、県も自らの事務で手一杯な状況があり、特に土木職員が不足しており、県に必ずしも補完する量的な余裕があるとはいえない。

　○よって、量的な補完ではなく、市町村共同のアウトソーシングを県が仲立ちするなどシンクタンク的な機能やコンサルティング機能を強化する方向性を考えている。

　○「奈良県・市町村長サミット」を開催することにより、改善案を政策に反映していくことによる市町村との信頼感の醸成や、データ分析等の県職員のスキル向上による県のシンクタンク機能の強化につながっている。

　○ただし、こうした方向に対しては、県が市町村に対して金も口も出してしまうと、市町村に県に依存する意識や県との上下関係の意識が生じるのではないかとの懸念もある。

　そこには、奈良モデルへの前向きの評価と懸念事項があげられている。特に、最後の箇所にある、県の市町村への過剰関与が、地方分権改革で意識として醸成されてきたはずの対等協力の関係を逆行させてしまうことが考えられるとある。すなわち、この研究会では、「広域

連携が困難な市町村における補完のあり方」として奈良モデルは、決定版とはならなかったということになる。

　そこから少し時間が経過して、第32次地方制度調査会答申になると、人口減少社会の厳しい現実から遡及して住民への公共サービスの提供体制を整えるという問題に向き合おうとした結果、奈良モデルへの評価は、決定的な手法とまではなっていないが、それへの評価は、やや前向きに変わっている印象である。時代が奈良モデルに追いついたといってもよい。

　奈良モデルは、県市町村の総力戦であると述べた。定型的でないことは、柔軟に問題に対処するメリットと、責任の所在が曖昧で、バランスを欠くとうまくいかなくなるデメリットが、背中合わせであることを意味する。冒頭では、手将棋であるとも述べた。手将棋は、棋力が高くないと勝てない、すなわち、現状がどうであるかの十分な洞察力と、高い政策遂行能力がなければできない。したがって、優良事例であっても、簡単には横展開はできないのである。

　それではどうすればよいのか。筆者の願いは、中山間地域を多く持つ県は、それぞれに政治風土に合った「○○モデル」を構築することである。高知県は、少なくとも地域支援企画員制度というかたちで一つの旗を立てている。それに続く事例の出現が待たれるところである。その問題意識を持って、奈良モデルについては、もっと関心を持っていただきたい。

　そこに問題があっても、多くの場合、そこに向き合おうとしないというのが、人の罪深さである。課題と真に向き合うことができれば、問題は半ば緩和されたといってもよいかもしれない。「君よ、知るや、南の国」、いや、「君よ、知るや、奈良モデル」。向き合うべき課題は、全国の都道府県と市町村が、2040年を先取りした地方自治の姿をどう描くかである。そう、あなたの「南の国」を探すときである。

著者紹介

小西　砂千夫（こにし　さちお）

1960年　大阪市生まれ
1983年　関西学院大学経済学部卒
1988年　関西学院大学大学院経済学研究科博士課程単位取得
1996年　博士（経済学）
現在、関西学院大学大学院経済学研究科・人間福祉学部教授（2021年8月現在）
専門は財政学

主な著書

『日本の税制改革』（有斐閣、1997年）、『地方財政改革の政治経済学』（有斐閣、2007年）、『市場と向き合う地方債』（編著、有斐閣、2011年）、『公会計改革の財政学』（日本評論社、2012年）、『日本地方財政史』（有斐閣、2017年）、『新版　基本から学ぶ地方財政』（学陽書房、2018年）、『自治体財政健全化法のしくみと運営』（学陽書房、2019年）、『改訂版　社会保障の財政学』（日本経済評論社、2019年）、『地方財政改革の現代史』（有斐閣、2020年）等多数

2040年　生き残る自治体！
県市町村連携で人口減少に打ち克つ奈良モデル

2021年10月1日　初版発行

著　者　　小西砂千夫
（こにしさちお）

発行者　　佐久間重嘉

発行所　　学　陽　書　房

〒102-0072　東京都千代田区飯田橋1-9-3
営業／電話　03-3261-1111　　FAX　03-5211-3300
編集／電話　03-3261-1112　　FAX　03-5211-3301
http://www.gakuyo.co.jp/

装幀／佐藤博　　DTP制作／みどり工芸社　　印刷・製本／三省堂印刷
© Sachio Konishi, 2021, Printed in Japan
ISBN 978-4-313-16170-2 C2036
＊乱丁・落丁本は、送料小社負担にてお取替えいたします。